La Esencia clasista de la Victimología

Colección Victimalia

Dager Aguilar Avilés.
Estados Unidos. 2015

Autor: Dager Aguilar Avilés
Edición y corrección: Dager Aguilar Avilés
Diseño interior y de cubierta: Dager Aguilar Avilés
Editorial Honoris-Europa (Polonia)
CreateSpace Publisher edition sistem.
Diagramación: Dager Aguilar Avilés

Sobre la presente edición:
©Dager Aguilar Avilés, 2015
©Createspace publisher, 2015
Estados Unidos. Con la colaboración de ediciones Honoris
Europa (proy.)
La Historia de la Victimología
ISBN-13: 978-1519358776
ISBN-10: 1519358776

La publicación de este libro y su divulgación ha sido financiada por el proyecto Erasmus Mundus Action 2 de la Unión Europea.

Del Autor:

Dager Aguilar Avilés: Ciudadano cubano residente en la ciudad de Varsovia, Polonia. Abogado, criminólogo, analista político latinoamericanista, académico y escritor. Ha impartido docencia y ha sido investigador asociado en universidades de Cuba, Italia y Polonia. Ha dirigido varios investigaciones de tesis de diploma y maestría. Ha publicado varios libros en Europa y Estados Unidos, así como numerosos artículos y ensayos en revistas especializadas en ciencias sociales y jurídicas en Europa y América Latina. Ha presentado ponencias en numerosos eventos científicos y recibido varios premios a lo largo de su carrera estudiantil y profesional.

Tabla de Contenidos:

Presentación

La obra que usted tiene en sus manos forma parte del primer volumen de la colección *Victimalia*. La idea original de esta obra, como casi siempre me ocurre con mis libros, fue redactar un artículo donde reflexionaría sobre algunos problemas victimológicos contemporáneos. La influencia que recibí durante el año 2013 mientras disfrutaba de una invitación en el Departamento de Sociología, Psicología aplicada y Filosofía de la Universidad de Padova me hizo centrarme en la síntesis Sociológica para valorar cómo el fenómeno victimológico puede convertirse en un problema de orden público y no privado como generalmente suele concebirse. Por eso me tracé la tarea de indagar más en los estudios sociológicos y observar el funcionamiento de las sociedades europeas, especialmente en el tratamiento a las políticas públicas victimológicas. Durante la segunda semana del mes de diciembre tuve la posibilidad de visitar la isla de Lampedusa y conocer de cerca el problema de los inmigrantes africanos y el terror que se vive en estas situaciones una vez que se llega a suelo europeo. Por medio de algunas entrevistas y encuestas que pude realizar a los mismos comprendí el problema clasista tan fuerte que vivían estos inmigrantes(provenientes en su mayoría de Túnez, Egipto, Argelia y Marruecos) en sus respectivas sociedades. El establecer la conexión entre los fenómenos migratorios, victimológicos expresados fundamentalmente en la carencia de políticas públicas victimológicas y los problemas clasistas de estas sociedades del norte de África me afloraron la idea de enfocar mi pesquisa hacia la conexión que existe entre los fenómenos victimológicos, la lucha de clases y el poder político en la sociedad. Posteriormente determiné visitar varios países europeos para enriquecer y fundamentar más mi investigación. Fue en España, específicamente en Barcelona, donde me convencí que tanto la lucha de clases como el poder político pueden reflejarse y condicionar el conocimiento victimológico. He tratado de profundizar mucho en ese tema desde entonces para poder entender la posición científica de determinados estudiosos de la Victimología en otras sociedades europeas y latinoamericanas cuando se trata de abordar determinados temas victimológicos que resultan "incómodos" para la clase políticamente dominante correspondiente. Así fue que determiné escribir sobre la esencia clasista de la Victimología. Anteriormente a este libro de impresión ligera había escrito el libro *Victimología. Fundamentos científicos y filosóficos generales*, entre otros que conforman esta colección, cuya preparación me sirvió para la redacción de esta obra.

El presente libro se divide en dos partes. La primera es referida al estudio de las clases sociales, la lucha de clases y el condicionamiento clasista de la Victimología. La segunda parte va referida al análisis de casos concretos y otras reflexiones sobre la expresión contemporánea de la esencia clasista de la Victimología tanto en sistemas socialistas como capitalistas. Esta primera parte esta diseñada en una tabla de contenidos que inicio exponiendo un prólogo al estudio de la esencia clasista de la Victimología y termino exponiendo algunas conclusiones parciales.

Esperamos que la presente obra sea de gran utilidad para todos los estudiosos de la Victimología. En ella el lector encontrará un instrumento para la reflexión sobre la sociedades actuales, la complejidad que las mismas han alcanzado en los últimos años, la lucha de clases que ha generado la crisis económica global y la incidencia que todo ello ha tenido en la producción de conocimiento victimológico y el desarrollo de la Victimología en general. Claro está que la obra por sí sola no es suficiente para explicar cabalmente la problemática social referida. Para ello debe estudiarse conjuntamente otra bibliografía complementaria y por ello recomendamos el resto de los textos que conforman la colección *Victimalia*.

Si la presente obra despierta en usted duda y el interés por profundizar o reflexionar sobre el tema podría decir que los objetivos trazados con ella fueron superados, pues no se pretende llevar estas línea como bastión de la verdad absoluta sino como la génesis de una duda que algún día dará sus frutos.

Dager Aguilar Avilés.
La Habana, Cuba. 27 de mayo de 2014
2:42 am

Introducción al estudio de la esencia clasista de la Victimología.

La Victimología es una ciencia que hasta nuestros días no deja de generar controversia. Por un lado se encuentran aquellos que la definen como una ciencia independiente regida por leyes propias y, por otro lado, quienes la atan indisoluble y eternamente a la Criminología como parte de su contenido teórico y pragmático. Existen otros eclécticos que ven en la Victimología un saber que con el decursar del tiempo irá independizándose y tomando forma propia. Lo cierto es que el partidismo victimológico va más allá de los fundamentos de la naturaleza científica de la Victimología. Siempre he sido del criterio de que ambos extremos del partidismo victimológico chapotean de cierta forma y medida en el desconocimiento de la verdadera esencia del fenómeno victimológico. Aquellos que reniegan a la Victimología como ciencia independiente establecen claramente que no posee los patrones propios de una ciencia dado que nadie ha resuelto los problemas filosóficos fundamentales del conocimiento victimológico y la verdad científica que resuelve esta ciencia;

dígase verdad científica expresada en leyes, categorías, principios y métodos propios. Queda claro que esta es la posición más facilista, aunque tampoco es incoherente del todo. Por su parte, los que aplauden el criterio de que la Victimología se erige como una verdadera ciencia muchas veces fundamentan sus preceptos en esquemas jurídico-penales y criminológicos, lo cual no es del todo erróneo, pero se convierte en un arma de doble filo si no es fundamentada con elementos propios de exclusividad científica ya que no sobrepasaría de la especulación. Tal pareciera que se repitiera casi de memoria los mismos esquemas y argumentos de que la Victimología es una ciencia, la víctima es el tercer protagonista olvidado del proceso penal, hay que crear un derecho victimal para compensar realmente el daño sufrido por la víctima, etc, pero casi nadie de los que aplaude la independencia científica de la Victimología va en busca de descubrir las leyes victimológicas y la formulación de teorías que fundamenten el carácter científico verdadero de esta ciencia como todas las demás; crítica que asumo también en mi actividad investigativa como victimólogo. La verdad es que para entender la Victimología hay que partir de su génesis; o sea, del escenario donde se proyecta y acontece: la dinámica del proceso de creación del conocimiento victimológico entre la lucha de clases por el restablecimiento de las llamadas tesis victimológicas expresadas en derechos fundamentales del ciudadano y la esencia clasista del Derecho que las legitima y regula en la sociedad.

La Victimología es una ciencia social, por cierto, con un extenso objeto de estudio que provoca la existencia de un abanico bastante grande de síntesis victimológicas. Dentro de la sociedad la Victimología ha empezado a tomar un carácter transformador y activo que ha dado a muchos a pensar en su sentido crítico, fundamentalmente desde inicios del presente siglo. Es por ello que las minorías explotadas, marginadas y las clases sociales más desposeídas han encontrado en la Victimología y sus preceptos, quizás sin saberlo mucha veces, una bandera de cambio y lucha. Tal fue como sucedió con la Criminología en la década de los años 80 del siglo pasado y los movimientos feministas. En medio de crisis económicas mundiales aderezadas por la escasez de recursos naturales, complejidad de las sociedades actuales expresadas en nuevas formas de relaciones interpersonales y de conciencia social, conflictos bélicos, así como toda una verdadera revolución digito-tecnológica, las clases económica y políticamente dominantes intentan agotar todos los mecanismos posibles a su alcance para conservar la hegemonía poseída hasta el momento. Es en este sentido que se limita la libertad de expresión y la productividad científica. Con ello quiero decir que el conocimiento se monopoliza hacia los países del primer mundo que atraen a los mejores científicos a cambio de sumas de dinero significativas pero que nunca equivalen al valor real de la producción científica obtenida. Los victimólogos no están ajeno a esta situación. Es en este marco contractual que se limita al investigador al establecerle cuál debe ser el objeto de su estudio. En el campo victimológico el investigador, en mayor o menor medida, podrá investigar aquellos fenómenos victimológicos que no constituyan un peligro potencial a los intereses de las clases sociales políticamente dominantes y, por qué no, económicamente también. Aún cuando se le sea permitido comunicar el conocimiento creado, bajo el supuesto baluarte de la "libertad de expresión", dicho producto será asumido por las instituciones estatales (generalmente las más importantes estratégicamente de un país) en la medida que no describan la explotación de clase expresadas en abuso desmesurados de unos sectores sociales respecto a otros o incentiven la lucha de clases de manera radical. En estos casos el conocimiento victimológico está condicionado por la propia esencia clasista de la sociedad. No debemos obviar que el investigador es ante todo un sujeto social que como ente individual durante toda su experiencia de vida e interacción constante con otros individuos de la sociedad es mediatizado por toda la superestructura de la sociedad. Es por ello que la comunidad científico-victimológica ha buscado casi instintivamente la forma de resolver el problema fundamental del conocimiento victimológico de la manera más homogénea posible. También ha intentado dicha comunidad establecer patrones institucionales que garanticen un conocimiento científico victimológico verídico y libre de tabúes, perjuicios y condicionamiento clasistas por medio de la institucionalidad supranacional del estudio, interpretación y comunicación de esta ciencia. Es en este marco que ha surgido la Sociedad Mundial de Victimología y los congresos internacionales de este rubro que buscan un poco establecer mediante el intercambio de experiencia e información determinadas líneas de pensamiento homogéneas que resuelvan la problemática antes señaladas.

La clase política dominante no ignora esta realidad. Nótese que la Victimología, especialmente en su síntesis sociológica, ha empezado tomar para sí temas de vital importancia y que en muchas ocasiones solamente ella puede abordar, explicar y resolver. Tal es el caso de la seguridad ciudadana y las políticas públicas victimológicas que son aquellas que intentan establecer el funcionamiento del aparato estatal ante situaciones de victimización colectiva (políticas que no convienen para nada a las empresas de seguro y hospitales privados). Hoy en día es casi imposible encontrar un partido político que en su campaña electoral no establezca estos programas como promesa a las clases desposeídas, pues saben que de no ser así tendrá poca posibilidad de resultar vencedor en las correspondientes elecciones. Por estas razones es que los victimólogos debemos sumergirnos en las problemáticas sociales y la forma en que la Victimología puede explicarlas y resolverlas para buscar allí las dudas posibles y descubrir así las leyes de esta ciencia. Queda claro que como ciencia social la Victimología no puede estar ajena al rejuego político de las clases sociales y a la lucha de clases. Es por estas razones que no escapa de tener una esencia clasista porque también la vida en sociedad y la existencia de un orden político son tesis victimológicas primarias.

Para algunos puede parecer lógico el plantear que la Victimología debe ser considerada como parte de las ciencias jurídicas ya que esta encuentra su fundamento en la existencia de las tesis victimológicas que, a fin de cuentas, son reconocidas y legitimadas por el Derecho. Inclusive se ha llegado hablar de un Derecho Victimal como aquella rama jurídica que regula el tratamiento y atención a las víctimas. Para otros, la Victimología es una ciencia totalmente independiente cuya amplitud de su objeto de estudio la hace poseer un grupo de ramas propias dada la existencia de sus síntesis científicas tal y como sucede con las ciencias jurídicas, criminológicas, forenses, etc. Estas serían las llamadas ciencias victimológicas. Este análisis, que considero tratar más profundamente en otra obra, nos lleva obligatoriamente a estudiar también el papel que juegan las clases sociales y la lucha de clases en esta concepciones de síntesis victimológicas y supuestas ramas de la ciencia victimológicas. Vale destacar que aunque no comparto el criterio de la existencia de ciencias victimológicas, aunque sí de síntesis victimológicas, determinados intereses clasistas pueden, y de hecho ha ocurrido, influir en la creación y desarrollo de estas concepciones.

Por todo lo antes expuesto es que me he dado a la tarea de intentar abordar algunos aspectos relacionados con la influencia que las clases sociales y la lucha de clases ejercen en la percepción social de la Victimología, el fenómeno victimológico concreto, así como la formación del conocimiento victimológico y la dinámica de la revolución científica victimológica global que vivimos en la actualidad. La Victimología, en tanto ciencia, y su objeto de estudio han estado condicionados históricamente. Como mismo las clases sociales han condicionado a lo largo de la historia al delito y la pena, la mismas clases sociales han condicionado el objeto de estudio de la Victimología. Ello es una razón más para estudiar la esencia clasista de esta ciencia.

1.La unidad naturaleza-sociedad.

Por naturaleza debemos entender la complejidad de todo lo que nos rodea, todo lo que nos circunda y se expresa independientemente de la voluntad humana y de la intervención de los hombres. La naturaleza se expresa como una unidad. Ello quiere decir que cada fenómeno natural está concatenado con otro de manera que entre todos, aún cuando parezca imposible, se establece una interrelación o complejidad. Para muchos la naturaleza es la expresión más perfecta de unidad, ya que cada uno de sus elementos componentes es parte esencial del conjunto y la alteración de uno de dichos elementos acarrea una alteración del sistema en su totalidad. Entre los sistemas conocidos por el hombre es el más complejo y ello ha conllevado a ser concebido por muchos como un sistema de inteligencia propia y superior. Lo cierto es que el hombre, a pesar de su racionalidad superior, no ha podido dominar del todo a la naturaleza.

Los seres humanos somos parte de ese sistema perfecto llamado naturaleza. Somos el elemento más importante y a la vez el más peligroso. Ello lo digo porque si bien tenemos el privilegio de ser los seres más racionales y los que más oportunidades tenemos de intervenir en la preservación de esta también somos los más desafectos y únicos interventores en su deterioro y destrucción. El ser humano ha olvidado que vivir en sociedad no lo libera de ser parte del sistema más perfecto del mundo y, por supuesto, de las consecuencias inevitables del deterioro ambiental. Por estas razones, desde siglos anteriores numerosos pensadores han intentado explicar la conexión entre el género humano, la sociedad y la naturaleza. A esa conexión que se rige por sus propias leyes superiores a la de los propios hombres y la sociedad misma es a lo que se le ha dado a llamar *unidad sociedad-naturaleza.*

El uso del argumento de la interacción de la sociedad y la naturaleza como fundamento de demostración de la unidad del mundo presupone tomar en cuenta aquellas teorías científicas referidas al problema de la unidad universal. Entre estas resaltan por su importancia la teoría de Darwin acerca del origen de las especies a partir de la selección natural y la teoría de Marx y Engels acerca del origen de la sociedad a partir del trabajo.

Darwin por medio de su teoría logró fundamentar la unidad indisoluble de todos los organismos vivos ya que demostró que toda la diversidad de organismos vivientes actualmente transcurrió desde una cantidad no grande de embriones unicelulares en el proceso de un desarrollo muy largo del mundo animal. Con esta teoría se daba un duro golpe al idealismo que colocaba un límite infranqueable entre el mundo animal y vegetal, entre el hombre y otros animales.[1]

Por su parte, la teoría de Marx y Engels demostró el origen natural de la sociedad a partir del mundo animal y además la diferencia cualitativa de la primera con respecto al segundo enfatizando en el papel jugado por los factores sociales. A su vez, dentro de estos factores sociales que propiciaron la aparición del hombre y la sociedad, la teoría marxista demostró también la diferenciación cualitativa de éstos con

---

[1] COLECTIVO DE AUTORES: Ob. Cit.(*"Lecciones de Filosofía …."*).P.283.

respectos a la naturaleza y, simultáneamente, la reproducción del vínculo material, indisoluble de ellos, siendo al trabajo a quien corresponde el papel esencial.[2]

Para Marx el trabajo es el proceso que se realiza entre el hombre y la naturaleza, proceso en cual el hombre con su propia actividad mediatiza, regula y controla el intercambio de sustancia entre sí y la naturaleza. A la sustancia de la naturaleza él mismo se contrapone como fuerza de la misma naturaleza.[3] Por estas razones es acertado afirmar que el trabajo, además de transformar la naturaleza externa, actúa como elemento central de la transformación del propio hombre.[4]

La ciencia ha demostrado que el hombre puede llegar a realizarse plenamente como personalidad sólo en presencia de determinadas premisas biológicas. Un mínimo de factores biológicos resulta indispensable para que el hombre pueda incluso establecer las más

[2] Ibídem.
[3] MARX,C; ENGELS,F: "Obras completas" T. 23. P.185-189.
[4] MARX,C; ENGELS,F: " de las obras tempranas" Moscú. 1956.P.590.

elementales relaciones sociales a nivel de grupo, colectivos, familia, etc.[5]

Ahora bien, no basta con afirmar que la sociedad o el hombre son parte y expresión suprema de la naturaleza. Para abordar efectivamente el tema de la esencia clasista de la Victimología es necesario establecer también la diferencia entre leyes naturales y sociales.

Las leyes naturales actúan con rango de tiempo más prolongado que las leyes sociales ya que en estas últimas la incidencia del factor consciente determina el periodo de tiempo relativamente corto de su vigencia. La acción de la sociedad sobre la naturaleza no está presidida por la actividad subjetiva humana individual, sino que se manifiesta por medio de la objetivización de la propia actividad humana en las leyes sociales, que son su resultado.[6] Es así que las leyes sociales no deben ser contradictorias a las propias leyes naturales, pues las primeras se fundamentan en la lógica y la dialéctica de la dinámica de las segunda. Un claro ejemplo lo es

---

[5] COLECTIVO DE AUTORES: *Ob. Cit (Lecciones de filosof....)*P. 290.
[6] *Ibídem*

el hecho de que las leyes sociales, aquella de los hombres, son las que legitiman y regulan las propias tesis victimológicas naturales y la relación o explotación de los bienes y recursos naturales en conformidad con los dictados de la misma. Otra cosa es el tema de la vicimidad natural que es aquella que sucede en la flora y la fauna. Queda claro que los animales muchas veces se victimizan unos a otros por razones naturales de supervivencia, alimentación, reproducción natural, etc. No obstante, estas actitudes van en consonancia con el equilibrio natural y se justifican por un instinto provocado por una necesidad más que justificada. En el caso de los hombres esto no sucede así. La victimización muchas veces va seguida por móviles viles que nos tornan muchas veces más salvajes que la especie animal más irracional. Traigo a colación este tema aquí en este epígrafe porque es muy común que determinados sectores sociales, especialmente aquellos que detentan el poder político, intenten justificar la explotación del hombre por el hombre, la marginalización y la victimización de minorías étnicas y sociales por medio de la teoría de la selección natural y otras de naturaleza biológica. En este sentido, se trata de crear la conciencia social de que la sociedad se rige por leyes naturales que el hombre nunca podrá cambiar y por ende debe aceptar sin reclamo alguno. Es así que la sociedad se convierte en una jungla. Lo que he dado a llamar *Jungla urbana*. Cuando esto sucede, y es más común de lo que creemos, el ser humano comienza a aceptar la explotación, la discriminación, el desplazamiento en masa y otras formas de victimización social como algo natural. Los ciudadanos no reclaman a las clases políticamente dominantes el cese total de estas situaciones sino el ejercicio desmedido de las mismas. Es en este punto donde las clases sociales políticamente dominantes logran desvirtuar la percepción social del fenómeno victimológico propiamente dicho y con ello condicionar y disfrazar el sentido, dirección y objetividad de la actividad científica victimológica.

Otro punto al que quisiera referirme en este análisis de la unidad naturaleza sociedad es el referido a la victimización ambiental. En este sentido, se hace común aludir al medio ambiente la culpa de las distintas victimizaciones que ocurren producto de los fenómenos naturales. Muchas veces ocurren maremotos, tornados, ciclones, terremotos y otros siniestros que dejan tras su paso u ocurrencia cientos de damnificados. Ante estas situaciones es muy normal escuchar que las víctimas quedan sin nada en la mayoría de los casos y son desplazados a su suerte hacia campamentos en condiciones deplorables e inhumanas. En otros casos son dejados a su suerte. Lo cierto es que se concibe socialmente como victimario al siniestro ocurrido y son los gobiernos los que van a ayudar a las víctimas de siniestros según sus posibilidades. La verdad es que cuando un fenómeno natural ocurre dicho fenómeno no pasa de ser el motivo de la victimización, el suceso victimizante pero no la causa. Tengamos en cuenta que no debe confundirse causa con motivo. El verdadero responsable es el Estado, quien tiene la obligación de prevenir la ocurrencia de siniestros y dar a sus ciudadanos la seguridad adecuada antes y después de la ocurrencia del mismo. Para ello los ciudadanos pagan impuestos y el Estado cuenta con los recursos necesarios y suficientes para desarrollar políticas públicas de prevención victimológica. Ahora bien, en estos casos corresponde a los gobiernos asumir los riesgos y consecuencias de las deficientes políticas públicas victimológicas existentes. El siniestro no es el causante verdadero de los resultados de su paso sino la falta de actividad preventiva en la mayoría de los casos. Ello explica por qué en algunos Estados el paso de un siniestro puede dejar muchos damnificados y en otros Estados donde ocurre en condiciones iguales y hasta más graves puede dejar pocas víctimas o casi ninguna.[7]

La temática de la concatenación naturaleza-Victimología es controversial y unas líneas no bastarían para abordar el tema a plenitud. Más controversial se torna el tema cuando se vincula con la responsabilidad del Estado para con los ciudadanos antes un fenómeno natural significativo. En medio de todo esto los intereses clasistas juegan un rol importantísimo a una magnitud inimaginable. Es por estas razones que el estudio de la unidad naturaleza-sociedad es importante para comprender el papel de las clases sociales en el tratamiento científico del saber victimológico y cómo todo ello influye en el desarrollo de la Victimología, ya en tanto ciencia.

---

[7] Al respecto *vid*: AGUILAR AVILÉS, DAGER: *"Victimología Ambientalista"*. Ed. Createspace publisher(Estados Unidos) y Academia-Europa. Varsovia, Polonia. 2015.

1.1. Expresiones victimológicas actuales de la ruptura de la relación naturaleza-sociedad.

El fenómeno de la interacción entre naturaleza-sociedad no ha perdido su vigencia con el decursar del tiempo. Lo cierto es que esta interacción se ha visto cada vez más condicionada por la revolución científico-técnica y este fenómeno se ha acentuado en las últimas décadas con el desarrollo de la tecnología digital y el agotamiento de las reservas naturales.

El desarrollo de la tecnología y la escasez de materia prima provoca que el hombre busque en la naturaleza alternativas para satisfacer la demanda de producción de bienes que exige la sociedad. En otros casos, los industrialistas hasta sustituyen alimentos y recursos orgánicos por otros de naturaleza transgénica para sufragar un poco la escasez de provisiones primas necesarias para la producción. Todo ello, unido a otros fenómenos sociales, provoca una alteración en el equilibrio natural y la armonía que debe caracterizar la relación sociedad-naturaleza.

En tal sentido, este desequilibrio originado en la unidad sociedad-naturaleza se expresa esencialmente en:

-contaminación atmosférica.

-contaminación de las aguas.

-Ruidos, vibraciones y otros factores químicos.

-Acumulación de desechos.

-Catástrofes y emergencias ambientales.

-Exterminio de la flora y la fauna.

-Agotamiento de los recursos naturales por su explotación irracional.

Pudiera parecer que la víctima en todo esto es la naturaleza misma, y no deja de ser así, pero, a los efectos de la Victimología, la víctima verdadera es la misma humanidad. La naturaleza no es más que un bien protegido cuya lesividad se revierte al propio género humano. Por estas razones podemos firmar que ante el deterioro ambiental y sus expresiones la víctima no es más que el propio hombre. Es entonces que se habla de expresiones victimológicas de la ruptura de la unidad sociedad-naturaleza.

Ahora bien, esas expresiones victimológicas de la ruptura sociedad-naturaleza son, entre otras, el aumento de la hambruna mundial por causa de la deforestación y el agotamiento de alimentos y recursos naturales necesarios para fabricarlos, florecimiento de enfermedades y epidemias así como guerras por recursos naturales.

Las distintas expresiones victimológicas de la interacción sociedad-naturaleza se han tornado cada vez más complejas. Ello ha provocado que así mismo se expanda el objeto de estudio de la Victimología al percibirse distintos tipos de víctimas que aunque obedecen a diversos fenómenos victimológicos poseen un conjunto de características comunes. Así ha surgido la síntesis victimológica ambientalista.

La Victimología ambientalista tampoco se encuentra ajena al problema de las clases sociales y la lucha de clases pues a pesar de todos los movimientos que existen *pro*-naturaleza muchos son los argumentos que exponen los grandes inversionistas e industrialistas para no cesar sus actividades. Para nadie es un secreto que la vía más fructífera que estos han encontrado es utilizar su caudal económico para financiar las campañas y estrategias políticas de las clases en el poder para garantizar la hegemonía de estas y así ver revertido los favores en la legitimación y protección de sus intereses dentro del Estado.

2.La formación económico social.

Por su parte, la formación económico social ha sido definida de diversas maneras. Para algunos es un tipo determinado de sociedad, para otros es un sistema de relaciones materiales y espirituales y existen quienes lo definen como un peldaño del desarrollo alcanzado por la sociedad. LENIN en su momento la definió como *un organismo social particular, con sus propias leyes de aparición, funcionamiento y paso a una forma superior, de conversión en otro organismo social.*[8]

Con su concepto Lenin objetivizó la sociedad al considerarla un conjunto complejo de relaciones sujeto a las leyes del desarrollo. Así lo concibe como un organismo histórico natural. Es importante tener en cuenta que el estudio de la estructura de la formación económico social debe partir de la consideración de esta como un sistema complejo de nexos y relaciones sociales,

---

[8] LENIN. V. I: *"El contenido económico del populismo y su crítica en el libro del señor Struve"*, Obras Completas. T-I

o sea, como un conjunto objetivamente existente de fenómenos sociales internamente interconexionados basados en un modo de producción históricamente determinado. Así determinando al modo de producción como un modo de los individuos de una sociedad manifestar su vida(determinado modo de vida) dichos individuos coincidirán con lo que producen y cómo lo producen. Ello significa a fin de cuentas que lo que los individuos en una sociedad son depende de las condiciones de producción.[9] De esta manera los clásicos del Marxismo dejan evidenciada la actividad productiva como una forma cualitativamente superior de actividad que arranca a partir de la determinación de las necesidades humanas al no poder ser satisfechas de forma natural en la interacción hombre-naturaleza. Así la necesidad de los hombres de asociarse se convierte en una tesis victimológica que les permitirá efectuar la producción través del intercambio de actividades y la interacción de unos sobre otros. De esta manera quedan establecidas dos tipos de relaciones:

---

[9] MAR, C y ENGELS,F. : "la ideología Alemana". Ed. Progreso. Moscú. Russia. P.16

-las relaciones del hombre con la naturaleza conceptuada como relación natural que se fija como categoría fuerzas productivas y se da como condicionante de la vida social. Dichas fuerzas productivas son el elemento determinante del modo de producción y son expresión del carácter expansivo de la práctica social en relación con su naturaleza.

-Las relaciones establecidas entre los propios hombres son las relaciones social conceptuadas como relaciones de producción expresión de un determinado peldaño social.

Son precisamente esta doble relación las que constituye la estructura de la formación económico social. Aquí debemos aludir a dos elementos importantes: los medios de producción y el hombre. Los primeros son el elemento determinante de las fuerzas productivas ya que permiten distinguir las distintas épocas económicas. Ello se debe a que las herramientas de trabajo, los medios técnicos son un índice material del grado de conocimiento alcanzado por los hombres y el grado de dominio sobre la naturaleza. El hombre, por su parte, es el sujeto agente del proceso productivo, el portador de experiencias, conocimientos, destrezas, energías físicas y mentales imprescindibles para dar vida a los instrumentos de producción.

Lo cierto es que las llamadas relaciones de producción son relaciones necesarias e independientes de la voluntad de los hombres que los mismos contraen en la producción social de su vida y devienen en relaciones primarias y fundamentales que determinan todas las demás. De esta manera las relaciones de producción se convierten en el elemento estructurador de todo el sistema social.

Parcialmente podemos resumir que las relaciones de producción intervienen como un factor organizador de un sistema social dado ya que actúan por un lado como forma material de las fuerzas productivas y por otro como el contenido de la base económica de la formación. El conjunto de las relaciones de producción establecidas entre los hombres forman la estructura económica de la sociedad, la base real sobre la que se levanta la superestructura jurídica y política y a la que corresponden determinadas formas de la conciencia social.

La base económica a la que hemos hecho mención se integra estructuralmente a su vez por las relaciones de propiedad, las relaciones de intercambio de la actividad laboral y las relaciones de distribución, cambio y consumo. En este sistema de relaciones las relaciones de propiedad son el núcleo de la estructura económica ya que son estas las que transfieren una determinada cualidad al resto de las relaciones sociales, tanto materiales como espirituales y determinan la estructura de clases en las sociedades clasistas y la actuación de las mismas en las distintas esferas sociales.

Ahora bien, siempre que se estudie el tema de la estructura económico debe hablarse de la superestructura. Al estudiar esta última es necesario tener en cuenta que se pasa a una esfera opuesta por principio en su contenido a la esfera material: es la esfera de los fenómenos espirituales. En estos fenómenos se pone de manifiesto el vínculo de la conciencia con la actividad práctico material de los hombres. Así se habla de producción espiritual, cultural espiritual, vida espiritual. Aquí lo espiritual no coincide con las concepciones idealistas y religiosas que conciben al espíritu como un ser incorpóreo creador de todo lo existente. En la superestructura existen relaciones ideológicas, organizaciones e instituciones que elaboran, producen y reproducen la vida espiritual, función indispensable de la sociedad. De ahí deviene su importancia en la producción y reproducción de las relaciones sociales.

La conciencia social es un elemento integrador de la superestructura y es una función de la sociedad en su conjunto mediante la cual se lleva a cabo la relación entre la actividad práctico-material e ideal-transformadora de los hombres. El propio hombre es el principal portador de la conciencia social ya que está dotado de una existencia real en la cual además de producir su mundo material elabora representaciones, concepciones, teorías, el mundo de sus ideas y la doble función de reflejar la realidad a la vez que producirla y transformarla. La conciencia social surge sobre la base del desarrollo de la producción material específicamente con el desarrollo de la división social del trabajo, al delimitarse el trabajo físico y el trabajo intelectual.

El contenido estructural de la formación económico social no se limita a la base económica y a la superestructura, ya que la formación económico social como sistema objetivo de fenómenos sociales incluye la esfera de la vida cotidiana, el tiempo libre, el idioma, entre otros aspectos de la sociedad, todos determinados en última instancia por las relaciones de producción.

Ahora bien, si partimos de la idea de que la formación económico social es un organismo íntegro, un sistema de relaciones sociales, entonces debemos considerar que tenga sus leyes internas de funcionamiento y de desarrollo, así como una génesis, una plenitud, una caducidad y una desaparición.

A pesar de los que aplauden o critican la posibilidad de verdaderas leyes propias que rigen el proceso de formación económico social es indudable que dicho proceso es importantísimo a la hora de comprender el fenómeno victimológico y el proceso de producción del conocimiento. La formación económico social condiciona la superestructura y el contenido de esta determina la forma en que se expresará el sistema de relaciones sociales y la conciencia social. A su vez, la conciencia social influirá determinantemente en el rol de las clases sociales y viceversa. El resultado de esta reciprocidad marcará el alcance y amplitud de la producción científica victimológica. Un ejemplo claro está dado entre las democracias y las dictaduras. En las dictaduras la conciencia social no es espontánea sino forzada a manifestarse de una manera y no de otra. La reproducción práctico-material e ideal-transformadora del hombre esta limitada por la voluntad e interés de un dictador. Ello explica porqué en los regímenes dictatorios existe poca producción científica respecto a los regímenes democráticos. En estos casos la producción científica no puede expresar ideas contrarias a las del dictador, aún cuando la realidad social y la conciencia social real indiquen otra cosa.

2.1.La propiedad y el régimen económico social.

La propiedad es concebida en sentido general como el conjunto de facultades de disposición, uso y disfrute de una persona sobre un bien determinado. Los fundamentos de la existencia de la propiedad en la sociedad parte de la necesidad propia de los hombres de organizar el tráfico de bienes durante su vida social, o sea, durante la actividad práctica de su naturaleza humana como ente racional y transformador y que comprende su interacción compleja con otros seres humanos y el medio ambiente en general.

Los bienes, en esencia, son aquellas cosas que existen en la naturaleza que resultan útiles al hombres para elevar su calidad de vida o garantizar su existencia. Cuando estas cosas pierden dicho sello de utilidad dejan de ser bienes para ser nuevamente "cosas". No todos los bienes son materiales. Existen bienes inmateriales y es en ese sentido que se complica el tema de la propiedad. Para muchos puede resultar realmente difícil imaginar el tráfico de un bien inmaterial en la sociedad si no se hace un agudo ejercicio de abstracción. Lo cierto es que dicho ejercicio no es dificultoso si tenemos en cuenta que lo que debemos es ubicarnos en gran medida en el mundo espiritual del hombre. Así podemos hablar de bienes como la creación intelectual del hombre, dígase el derecho de autor u otro producto de la creatividad y espiritualidad humana. También existen bienes inmateriales sobre los que el ser humano, por más que quiera, no puede obtener la propiedad;

hablamos de bienes que no son materiales pero tampoco son producto del intelecto humano o despliegue de su espiritualidad. Tal es el caso del viento. Lo cierto es que en todos los casos los bienes son necesarios para aquello que PLATÓN llegó a llamar " la búsqueda de la Felicidad".

En la formación económico social el carácter de la organización del régimen de propiedad sobre los bienes es determinante; y hacemos referencia no solamente a los bienes mismos, sino también a los medios de producción y reproducción de dichos bienes.

En los países socialistas estos bienes y medios fundamentales de producción de bienes están en manos del Estado quien responde fundamentalmente a los intereses de la clase obrera. La distribución de estos debe ser conforme a los intereses del colectivo en preferencia y conforme al grado de necesidades de cada cual. No obstante, queda un grupo de bienes reservados para el uso personal de los individuos (propiedad privada) y otros que son los llamados personalísimos que, como su nominación indica, son intrínsecos a la persona por su condición humana (dígase la vida, la salud, etc,.). El normal tráfico de bienes o el propio régimen de la propiedad se encuentra en peligro cuando por una marcada burocracia en los procesos de creación de bienes o la adquisición de estos seguido de recetas administrativas incoherentes y conservaduristas se crea un mercado paralelo al régimen económico oficial que altera y hasta puede llegar a sustituirlo prácticamente.

En los países capitalistas esta situación se da por el predominio de la propiedad privada sobre los bienes de producción. Esta situación se complica cuando el régimen socioeconómico está tan arraigado a la propiedad privada sobre los bienes y medios fundamentales de producción que hasta la fuerza de trabajo del obrero y su producción pasa a ser del propietario y no del propio creador. Así se crea una conciencia social al respecto que termina en última instancia en la llamada "enajenación del hombre", proceso en el cual el propio obrero considera como propietario de su creación al capitalista y así pierde su esencia humana.

Para las síntesis victimológica esto es de gran importancia. Ello se debe a que la enajenación es generalmente justificada en las sociedades capitalistas por medio del salario que recibe el obrero que le permite en muchas ocasiones obtener solamente los bienes imprescindibles para satisfacer sus necesidades básicas. Lo cierto es que la Victimología sociológica suele ver estas conductas como victimológicas mientras que algunos sistemas políticos no lo consideran así.

Los científicos victimólogos deben seguir muy de cerca la dinámica del régimen de propiedad en la sociedad, pues muchos de los fenómenos victimológicos están relacionados directa o indirectamente, a corto, mediano o largo plazo con ello. Por estas razones no es ilógico afirmar que las contradicciones económicas reflejadas en las relaciones de propiedad y tráfico de bienes en la sociedad se encuentran reflejados consecuentemente en las concepciones científico-victimológicas. Ello se fundamenta aún más si tomamos en cuenta que el tráfico de bienes y las relaciones de propiedad se legitiman por el Derecho que, a fin de cuentas, tiene esencia clasista y es un instrumento más de la clase económica y políticamente dominante. Es en este sentido que también la Victimología en sus preceptos reflejará dichas concepciones al considerar como fenómenos victimológicos aquellos que sean nocivos a los intereses clasistas predominantes en un Estado. Es por estas razones que reitero una vez más la necesidad de una homogenización de la ciencia victimológica que la dote de un orden lógico supranacional que establezca la verdad científica de la misma y resuelva de una vez y por todas el problema fundamental del conocimiento victimológico. De esta manera se evitan condicionamientos clasistas y se logra reflejar la verdad científica del fenómeno victimológico sin necesidad de tapujos o de prostituir la investigación realizada.

3.Las clases sociales y la lucha de clases.

Cuando se analiza cualquier sociedad la primera impresión que se obtiene es la referida a la existencia de un conjunto de individuos que se relacionan entre sí a través de una actividad determinada, comunicación y evaluación mutua. Esa interacción obedece a motivos diversos pero específicos como pueden ser profesionales, ocupacionales, funcionales o de opinión y que van regulados por la obtención de determinadas metas dentro de las relaciones mencionadas. El conjunto de individuos que interactúa de esa forma es lo que se conoce como grupo social. Cada grupo al crear sus intereses específicos se diferencia del otro; por lo tanto, toda estructura social es una relación heterogénea de grupos sociales. La pertenencia a estos grupos sociales viene dada por la posesión de condiciones físicas e intelectuales, genético-raciales, etnológicas y psicológicas, económicas y culturales. El individuo no forma parte de estos grupos por su simple aspiración, nadie que se lo proponga puede ser deportista, un científico o integrar una etnia determinada si no tiene la condiciones para ello. Por tanto, toda estructura social tiene carácter objetivo; pero también lo es en el sentido de que nadie puede cambiarla, crearla o hacerla desaparecer a voluntad. Esto último evidencia que las estructuras sociales cambian y se desarrollan; aparecen unos grupos y desaparecen otros, se subdividen, pasan a un primer plano de importancia social o degeneran. En ocasiones los estremecimientos sociales son tan severos que desaparecen totalmente grupos enteros. Estos son momentos de revolución social. Pero en la estructura social se forman simultánea y paralelamente otros grupos cuyos intereses, móviles, estructura y funciones no son idénticos a los mencionados anteriormente. Si bien los individuos funcionan en distintos grupos y direcciones motivacionales, como ya se apuntó, existe una necesidad elemental de reproducirse a sí mismo como individuo y como género, biológica y socialmente. La primera se realiza a través del sexo. La segunda a través de la producción de bienes materiales, sin la cual ambas formas de reproducción son imposibles. El hombre tiene necesariamente que producir y reproducir su vida biológica y social constantemente para lo cual contrae determinadas relaciones de producción que tienen un carácter económico-político. Este carácter se debe a que estas relaciones a su vez generan intereses que aglutinan a los individuos, los insertan en esos grupos y se conducen fundamentalmente impulsados por esos intereses. De ahí que algunos afirmaran que las relaciones económicas de una sociedad se manifiestan, en primer lugar, como intereses. Esto quiere decir que el hombre produce bienes materiales para satisfacer necesidades por lo que al terminar un ciclo de producción debe obtener la parte que le pertenece. Históricamente se han realizado diversas formas de distribución de las riquezas. Unos grupos han recibido esta como manutención del esclavo, como renta de la servidumbre o como salario del obrero, por mencionar algunas de ellas; otros lo reciben por medio de renta o ganancia, o tributo, según corresponda. Estos son los propietarios o detentadores de los medios de producción. Aparentemente ambos grupos concurren al proceso productivo en igualdad de condiciones, como propietarios de las fuerzas de trabajo unos y como propietarios o detentadores de los medios de trabajo los otros; pero todos los fenómenos tienen la facultad de ocultar su esencia por lo que se crea la ilusión de una concurrencia de propietarios al proceso productivo en igualdad de condiciones.

Los productores directos son solo propietarios de su fuerza de trabajo, lo que equivale decir que son propietarios de algo que han recibido casi simultáneamente de la naturaleza y de la sociedad. De la primera, su cuerpo físico y las potencialidades que ello encierra intrínsecamente; de la segunda, la herencia cultural que le permite habilidades, experiencias y conocimientos. Todo esto junto, a ciencia cierta, no tiene ningún valor en sí; es necesario enfrentarlo al proceso productivo para que se realice la fuerza de trabajo.

Las relaciones sociales de producción son relaciones en las que existe una gestión de autoridad de un grupo sobre otro para hacer prevalecer determinados intereses. Esta autoridad no se ejerce por el simple hecho de ser propietario. Esta condición, necesaria pero no suficiente, permite el ejercicio de la autoridad administrativa y organizativa que dirige el proceso de producción técnicamente(disciplina,, productividad, organización interna del trabajo, jornada laboral). Las formas y tipos de derechos que se generan a partir de aquí confirman que la complejidad de estas relaciones impiden que el propietario, individualmente o incluso como clase, pueda ejercerla de manera directa. Aquí comienzan a establecerse otro tipo de relaciones que mediatizan y complementan las anteriores: las relaciones jurídicas. La autoridad tiene necesidad de ser respaldada y que los actos que representen una afectación a la misma sean sancionados por la ley, por el Derecho establecido socialmente y que se convierte en legalidad de clase. Es en este terreno donde normalmente las clases deben dirimir sus conflictos. Ello se debe a que los intereses se enfrentan como derechos y deberes de un grupo y otro. Lo cierto es que todo conflicto entre parte requiere de un tercero que con equidad, justicia e imparcialidad valore, razone, enjuicie y dictamine a favor de unos y, lógicamente, en contra de otros, o intente conciliar ambos intereses contrapuestos. En estos casos la función mediadora la cumple el Estado, pero solo aparentemente, pues generalmente los conflictos clasistas se resuelven a favor de la clase o del grupo dentro de la clase que detenta realmente el poder político, es decir, que domina el órgano estatal.

Históricamente el dominio político se ha ejercido a través de distintas formas estatales. Dígase Feudalismo, Capitalismo, Socialismo, etc. Con el Capitalismo se fueron suprimiendo las antiguas estructuras políticas del dominio feudal y sustituidos por estructuras políticas basadas en los principios del liberalismo burgués. Esto produjo la proliferación de organizaciones políticas que tenían como objetivo obtener posiciones en las estructuras del poder estatal que les permiten equilibrar sus intereses con los de otros partidos o hacerlos prevalecer. Así surgieron los partidos políticos.

Estas organizaciones representan los intereses de las clases sociales sin que esto signifique que partido y clase social sean idénticos. En su forma contemporánea de existencia en los países capitalistas una misma clase puede estar representada por diversos partidos políticos y esto obedece a su propia estratificación heterogénea. Los intereses de los pequeños propietarios, por ejemplo, no son idénticos a los de los grandes propietarios. Por el objeto de posesión los intereses de los industriales no son iguales a los de los terratenientes o a los de los banqueros. Esto se traduce en que dentro al margen de intereses generales se generan intereses específicos que pueden hacer enfrentar de hecho a los grupos o sectores dentro de una misma clase.

Por su parte, las masas populares constituyentes de la mayoría de las sociedades y cuya base social es heterogénea (clase obrera, trabajadores de otros sectores productivos y no productivos, pequeña burguesía urbana y rural, intelectuales y funcionarios de base) también se organizan en partidos políticos para defender sus intereses. De todo esto se infiere que los intereses de clases surgen por el lugar que estas ocupan en el sistema de producción históricamente determinado. Para el análisis de este aspecto se hace necesario concretar la relación de lo individual y lo social, así como de lo subjetivo y lo objetivo en la actividad de la clase. También es imprescindible precisar las clases que integran la estructura de una determinada sociedad o país, lo que posibilita un cuadro más objetivo de la correlación de fuerzas sociales así como la revelación de las contradicciones básicas de la misma.

Debido a que la estructura de clase en cada sociedad es bastante compleja se hace necesario determinar en cada sociedad sus clases fundamentales. También se hace necesario determinar las clases sociales no fundamentales que existen debido a la coincidencia de distintos tipos de economía en el momento y que justifican la relación de esos grupos con respecto a los medios de producción. Esta estructura de clase forma la base de toda la estructura social.

Ahora bien, independientemente de la estructura antes mencionada existen pequeñas producciones mercantiles representadas por artesanos, pequeños comerciantes y campesinos que no constituyen los pilares del sistema social; pero que contribuyen a la caracterización de su especificidad y a la complejidad de su funcionamiento. Estas clases intermedias no fundamentales se identifican por una determinada relación hacia los medios de producción y responden a formas feudales de explotación en algunos casos. En otros casos adoptan nuevas modalidades adaptadas al sistema capitalista de producción, tal es el caso de los grandes propietarios de tierra.

También existen grupos sociales que no están compuestos por propietarios ni productores de bienes materiales, por lo cual no constituyen clases aunque cumplen importantes funciones en dependencia de las inclinaciones que tomen en el orden social. Tal es el caso de los intelectuales y otros tipos de empleados.

El funcionamiento de esta gama de clases y grupos sociales es complejo debido a la dinámica de los intereses que ellas representan y su influencia en el ámbito social constituyen la estructura socio-clasista de la sociedad. Por eso el análisis de la estructura clasista de la sociedad ayuda a su valoración objetiva y a comprender las fuerzas motrices de su desarrollo. Ello también es relevante a la hora de comprender la esencia clasista de las ciencias sociales.

Ahora bien, los antagonismos que surgen a partir de las relaciones de clases que son irreconciliables llevan a la lucha entre ellas al romperse la unidad que supone su estabilidad en determinadas condiciones sociales. La unidad presupone la diferencia y el paso de una calidad a otra supone, a su vez, una ruptura a partir de las contradicciones que surgen en las relaciones entre las mismas. Para la clase dominante constituye un medio de consolidar su dominación y para la oprimida la vía de su liberación.

La lucha de clases es una forma de actividad social históricamente necesaria que posibilita rebasar los marcos de las relaciones sociales caducas e impulsa el progreso. En la lucha de clases existen dos polos: el conservador y el revolucionario, representado básicamente por las clases fundamentales aunque no son los únicos intereses de clase que se debaten. En la actualidad se producen agudas luchas de clases en distintos países con sus peculiaridades, con mayores o menores éxitos en dependencia de las condiciones y de la presión que ejerce el capital, no solo a escala nacional sino también internacional. La burguesía busca todos los medios posibles para influir en el proletariado y conseguir el mantenimiento del régimen imperante. Por estas razones, la lucha de clase del proletariado ha adoptado históricamente varias formas que entrelazadas de acuerdo con las circunstancias pueden colaborar al logro de su objetivo supremo.

El antagonismo de clases se manifiesta en todas la esferas de la vida social, pero en cada una a su manera. Las formas fundamentales de la lucha de clases son la económica, la política y la ideológica. Vistas desde la perspectivas del proletariado, la lucha económica es la lucha por la satisfacción de las necesidades cotidianas, por el mejoramiento de las condiciones de trabajo y de los salarios. Contribuye al espíritu de solidaridad de la clase pero su limitación radica en que no conduce a la radicación del sistema, por ello la forma política es más importante en esa dirección. En la lucha política, por su parte, se evidencian los intereses generales de clase del proletariado pero se plantean otro tipo de reivindicaciones tales como mejoramiento de la legislación social, garantías de libertades democrática, protestas contra medidas reaccionarias del gobierno y otras. Es solo mediante la lucha política que el proletariado puede plantearse el objetivo de la toma del poder. Solo así puede en determinadas circunstancias lograr la eliminación de las contradicciones y el desarrollo social. La lucha ideológica se encuentra condicionada por las necesidades de la lucha política. Se orienta a la transformación de la conciencia de las masas ya que se desarrolla en el plano de las ideas. Resulta la más difícil ya que presupone la adopción de una concepción del mundo que oriente el trabajo y las formas que adopta pueden ser veladas.

La lucha de clases en ocasiones se desata a partir del intento de conciliar los intereses contradictorios en la sociedad a través de una consigna radical, reformista o nacionalista en sus distintas formas y no a partir del enfrentamiento antagónico. Generalmente, en estos casos, la lucha de clases se desenvuelve en alianzas tácticas entre partidos burgueses de tendencia progresista, en su heterogénea conformación, con los partidos proletarios que también los necesitan para lograr la mayoría en los mecanismos burgueses de acceso al poder.

La alianza táctica o incluso estratégica no sólo se dan con las formas políticas pacíficas. Cuando la lucha armada resulta el camino único para la solución del problema, las alianzas también son necesarias. Ningún partido, grupo o clase aislada puede realizar la lucha y triunfar. Las revoluciones victoriosas en la América Latina han triunfado por la forma en que han logrado aglutinar a diversos sectores, partidos y grupos. Ello significa y demuestra que la lucha de clases dada la complejidad de la estructura social no puede desenvolverse como un conflicto bipolar absoluto.

3.1. Las ciencias sociales. Características generales.

Habitualmente cuando se hace referencia al carácter científico de la Ciencia, en su concepción genérica, no aludimos a aquellas premisas teóricas universales que homogéneamente son reconocidas como esquemas generales para que una sapiencia sea considerada como tal (Racionalidad). Consecuentemente, será empírica toda ciencia en cuanto sus postulados doctrinales particulares sean verificables o comprobables en la praxis (objetividad).[10] La Victimología, en este sentido, manifiesta su carácter científico en cuanto cumple con ambos presupuestos antes descritos; o sea, al manifestarse con identidad propia como un sistema de conocimientos examinables en la

---

[10] Para MANZANERA la racionalidad científica se interpreta como el uso de conceptos, juicios y raciocinios que pueden combinarse de acuerdo a normas lógicas, organizados en sistemas de ideas, en conjuntos ordenados, de proposiciones, es decir, de teorías y La objetividad se logra en la aproximación con el objeto y la verificación de las ideas con los hechos. " *Vid*: RODRÍGUEZ MANZANERA, LUIS: *Ob. Cit.*P. 30.

practicidad conforme a su escenario de despliegue y a su finalidad.[11]

Las ciencias sociales, contrario a los que muchos refieren, juegan en la actualidad un importante papel como elemento central de la economía, la política y la cultura. El estudio de sus funciones y fuerzas motrices son de obligatorio estudio para todo aquel que intente comprender las complejas expresiones de las sociedades contemporáneas. Tanto es así que hasta la división del mundo en países desarrollados y subdesarrollados está estrechamente relacionado con la polarización del conocimiento científico internacional. Concentrar la mayor cantidad posible de conocimiento científico en un país determinado significa un arma de control de los medios de comunicación y la información que ellos transmiten, así como la capacidad transformadora de la ideología y la percepción cultural de los ciudadanos. En el caso específico de la ciencia victimológica, la concentración del conocimiento y la producción de este en países determinados implica un control de la percepción popular de la victimización, la víctima y los

---

[11] Sobre las características de las ciencias expuestas en este epígrafe *Vide*: BUNGE, MARIO: *Ob. Cit.* P.1.

procesos de desvictimización. Ello ocurre con más fuerza en la síntesis victimológica sociológica o sea, en la Victimología sociológica.

Las ciencias sociales son una forma específica de actividad y de búsqueda humana de la verdad. Estas se traducen como la relación entre el investigador y el objeto de lo investigado(la sociedad en conjunto y fenómenos sociales, así como la interrelación compleja entre estos). Es en este conjunto de ciencias que se inserta la Victimología marcada por su carácter ideológico-valorativo y práctico-transformador.

3.2.La Victimología como ciencia social.[12]

Por Victimología se entiende aquella *"ciencia multidisciplinaria que se ocupa del conocimiento relativo a los procesos de victimización y desvictimización. Concierne pues a la Victimología el estudio del modo en que una persona deviene víctima, de las diversas*

---

[12] Parte del contenido del presente epígrafe fue tomado del libro "Victimología, Fundamentos Científicos y Filosóficos " escrito por AGUILAR AVILÉS y editado y publicado por createspace. Estados Unidos y el proyecto de ediciones Honoris-Europa de Polonia en 2015.

dimensiones de la victimización (primaria, secundaria y terciaria) y de las estrategias de prevención y reducción de la misma, así como del conjunto de respuestas sociales, jurídicas y asistenciales tendientes a la reparación y reintegración social de la víctima." [13]

Entre las características científicas de la ciencia victimológica[14] encontramos:

1- Es una *ciencia fáctica*. Por cuanto parte de los hechos, los resuelve y a ellos regresa. Ese es el caso del suceso victimizante y sus causales así como todo el proceso de victimización generado a partir de él. Estos enunciados fácticos son los llamados datos empíricos los cuales, a su vez, son las materias primas de sus elaboraciones teóricas y metodológicas.

2- *Trasciende los hechos*: la Victimología no solo descarta los hechos, sino que produce nuevos hechos y los explica. A partir del estudio del suceso victimizante y sus causas se originan nuevas acciones de análisis, estudio y

---

[13] TAMARIT SUMILLA, JOSEP Mª: *"Manual de Victimología".* Ed. Tirant lo Blanch. Valencia, 2006.
[14] BUNGE, MARIO: *Ob. Cit.*

explicación de los fenómenos y a su vez ello concluye en hechos de reposición de los derechos lesionados, así como asistencia a las víctimas correspondientes y políticas fácticas preventivas y de control creando nuevas experiencias. Lo cierto es que con este conocimiento científico se racionaliza dicha experiencia en lugar de limitarse a describirla explicando los hechos en lugar de inventariarlos.

3- Es *analítica* en cuanto a través de sus métodos de investigación aborda cada problema planteado y bien identificado y trata de descomponerlo todo en elementos. Así entendiendo toda situación total en términos de sus componentes intenta descubrir todos los elementos que explican su integración.

4- Es *especializada* en tanto la unidad de sus métodos de estudios y la pluralidad de técnicas de aplicación permiten una independización y particularidad entre las demás ciencias.

5- *Claridad y precisión*: el conocimiento victimológico procura constantemente la precisión. Posee una técnica única para encontrar errores.

6- Es *comunicable* en tanto es expresable y pública. La información obtenida en la investigación victimológica es una condición necesaria para la verificación de los datos empíricos y las hipótesis científicas.

7- Es *verificable* en cuanto debe aprobar el examen de la experiencia, o sea, sus hipótesis pueden ser puestas a prueba.

8- Es *metódica*. La Victimología no es errada, sino paneada. Los victimólogos no trabajan a oscuras o al azar, sino que saben lo que buscan y como encontrarlo por medio del uso de métodos y técnicas exclusivos y generales. Todo trabajo de investigación victimológica se fundamenta en el conocimiento anterior y en particular sobre las conjeturas mejor confirmadas.

9- Es *sistemática* en tanto no es un agregado de informaciones inconexas, sino un agregado de informaciones conectadas lógicamente entre sí.

10-Es *general* en tanto ubica los hechos particulares en pautas generales y los enunciados particulares en esquemas amplios. Ello se explica en la creación de leyes propias del saber victimológico y el establecimiento de la relación entre los diferentes niveles de victimización.

11-Es *legal* por cuanto busca leyes y las aplica insertando los hechos particulares en pautas generales.

Otras de las características propias del saber victimológico es el ser explicativo, predictivo y útil. Estos caracteres devienen también en funciones de esta ciencia.

Lo cierto es que todas estas características científicas de la Victimología están dadas y expresadas en la existencia de un objeto de estudio, leyes, teorías, categorías, principios, fines y métodos propios. Estos últimos permiten a su vez aplicar esta ciencia en la realidad objetiva humana para satisfacer las necesidades y solucionar los conflictos que se originan en la sociedad conforme al alcance de sus límites.[15]

---

[15] Respecto a las características que debe describir la Victimología para ser considerada ciencia Armando Manzanera en su Obra citada establece textualmente: *"La*

El protagonista de toda esta ingeniería victimológica es el investigador victimólogo. Este no opera en un vacío social sin que su trabajo lo intercepten los complejos resortes de la ideología, la política y la práctica socio-histórica. De esta manera el victimólogo establece las

---

jacticidad; debe partir de los hechos y volver a ellos, debe utilizar datos empíricos, pero a la vez ser trascendente, ir más allá de los hechos mismos, racionalizando la experiencia, sin limitarse a describirla. Debe ser analítica: abordar problemas concretos descomponiéndolos en sus elementos, esto implica la especialización.

Los conocimientos obtenidos deben ser claros y precisos, lo que les va a dar la categoría de comunicables. La verificación es considerada una característica científica cla-ve, el conocimiento debe aprobar el examen de la experiencia, lograda a través de la observación y de la experimentación. El método es otro gran requisito, la ciencia no es errática sino planificada. A este problema,....

"La Victimología debe ser sistemática, y no un agregado de informaciones inconexas, sino un sistema conectado lógicamente entre sí. Todo hecho victimal debe ser clasificable y legal, entendiendo por legal su capacidad de ser sometido a leyes científicas. Así, se debe llegar a la explicación y a la predicción. Efectivamente, la Victimología debe ser explicativa, debe intentar explicar los hechos en términos de leyes, y estas convertirlas en principios. El conocimiento es predictivo en cuanto trasciende el conjunto de experiencias de los hechos, imaginando el pasado para decir cómo debe ser el futuro en el fenómeno estudiado. La predicción pone a prueba la hipótesis. Finalmente, opinamos que la Victimología debe ser abierta, falible y útil"... Vid: RODRÍGUEZ MANZANERA, LUIS: *Ob. Cit.* P. 30.

fronteras del instrumental técnico e intelectual de que la ciencia correspondiente puede disponer.

El enfoque sociológico de la Victimología se manifiesta en el estudio de la relación sujeto-sujeto (víctima-victimario) pero también la sociedad actúa como sujeto en determinadas síntesis victimológicas. Por estas razones se hace necesario al estudiar dicho enfoque sociológico identificar también las diferentes comunidades científicas y su interacción con otras comunidades ya sean nacionales e internacionales. El enfoque sociológico de la Victimología amerita ser realizado comenzando por un análisis de la estructura socio-clasista en su conjunto, en particular con aquellas clases sociales cuyo peso económico es definitorio en un contexto dado según sus intereses económicos y el proyecto político que sostienen o propugnan.[16] Las clase sociales ejercen cierto influjo sobre el trabajo científico y la Victimología no es ajena a dicha influencia. De esta manera dicho influjo puede retardar, orientar o favorecer el trabajo científico antes señalado. Por eso es

---

[16] Al respecto *vide* COLECTIVO DE AUTORES: *"Lecciones de Filosofía Marxista Leninista"* Ed. Félix Varela. La Habana. Cuba. 2007.

que el enfoque sociológico de la Victimología debe, por fuerza, orientarse al nexo ciencia-sociedad desbordando el plano intracientífico.[17]

La Victimología, en tanto ciencia, es una actividad y como tal establece un sistema de relaciones delimitado por su objeto de estudio. Este sistema de relaciones comprende de tipo informativas, organizativas, económicas, psicosociales, ideológicas, etc., que hacen posible la producción de un nuevo conocimiento victimológico. Para consolidar ese sistema de relaciones es que surgen históricamente las instituciones.

Por medio de las instituciones la ciencia victimológica se presenta como cuerpo organizado y colectivo de personas que se relacionan para desempeñar tareas específicas que han seguido un proceso de profesionalización y especialización que las distingue de otros grupos sociales. Para conformar una institución se requiere un largo proceso de educación en la ciencia victimológica así como la adopción de lenguajes, métodos y

---

[17] *Ibídem.*

técnicas compartidas, y la internacionalización del ethos propio de la profesión victimológica, de los criterios del trabajo científico del estilo y la psicología que le es típica. La historia y el funcionamiento contemporáneo de las instituciones científicas transparentan claramente su condicionamiento social. Un ejemplo claro puede ser la existencia de la Sociedad mundial de Victimología. La Historia de esta institución refleja una línea ascendente de comprometimiento de las estructuras políticas y económicas de las distintas sociedades con la institucionalización de la ciencia victimológica. Por estas y otras razones no resulta desacertado afirmar que la Victimología es una ciencia y por ello una forma de actividad y sistema de conocimiento en desarrollo, una actividad social e institución social específica.

Para comprender la Victimología como ciencia social debe caracterizarse la producción del conocimiento propio de ella por medio del estudio sistemático de la totalidad de las relaciones internas y externas, de las determinantes condiciones y factores que caracterizan ese fenómeno y hacerlo siempre a través de su estudio histórico concreto examinando las contradicciones y tendencias que tipifican cada etapa.

La Victimología como forma de conciencia social independiente y forma de producción espiritual al igual que otras ciencias ha dado lugar a la creación de comunidades científicas basadas en el desarrollo de la construcción, la profesionalización de la labor científica y de las comunidades científicas portadoras de una metodología y axiología propias. Es así que la Victimología ha adquirido su carácter de institución social.

3.3. El conocimiento victimológico.

El conocimiento victimológico, como todo conocimiento inteligente y racional, se circunscribe a los principios básicos de la dialéctica científica: monismo materialista, el reflejo, el desarrollo y la práctica.

Conforme al monismo materialista se postula que la fuente y el contenido del conocimiento victimológico no reside en el hombre sino que se encuentra fuera de él. Es en el transcurso de su vida que el sujeto incorpora esas cosas a su ser convirtiéndolas en objeto de actividad práctica y valorativa. Así se subordina la lógica del sujeto a la lógica del objeto. El hombre puede valorar por sus experiencias de vida, aún sin tener conocimientos victimológicos especializados, cuándo algo puede victimizar o situar a otra persona en situación de riesgo victimológico.

También es loable destacar que no existe una barrera infranqueable entre el fenómeno victimológico y la esencia del objeto de dicho fenómeno, ni siquiera entre el objeto del fenómeno victimológico y el sujeto del conocimiento victimológico. La razón está en la diferencia entre lo que se conoce del fenómeno victimológico y lo que no se conoce de este. Es precisamente de esta certidumbre que se alimenta el progreso de la Victimología y su práctica.

Conforme al reflejo de la ciencia victimológica el conocimiento victimológico es un reflejo del fenómeno victimológico y por tanto es una reproducción ideal de este. Es decir, una imagen más o menos adecuada de este. Ello significa que la correspondencia entre el reflejo, en tanto reproducción ideal, y el fenómeno victimológico es aproximada ya que la realidad en desarrollo siempre es más rica que su reflejo en la conciencia humana. Lo cierto es que el reflejo del fenómeno victimológico es inseparable de su objeto. El conocimiento victimológico, en tanto reflejo es activo y creador; es rectificado por el pensamiento del investigador y lógicamente vinculado a su actividad práctica. De esta manera la conciencia del contenido del reflejo cognoscitivo victimológico con el fenómeno correspondiente tiene carácter procesal, lo cual elimina las hipótesis de que dicha conciencia es dada de una vez y por todas.

El principio del desarrollo establece que el conocimiento victimológico nunca es acabado e invariable. Por estas razones siempre debe analizarse el proceso de creación del conocimiento victimológico sobre la base de un conocimiento incompleto e inexacto que se pretende llevar a ser más completo y exacto.

Debemos tener en cuenta que el conocimiento en sí mismo es un proceso complejo y contradictorio que en su desarrollo global avanza de lo abstracto a lo concreto, del fenómeno a la esencia más profunda de las cosas, de la contemplación viva al pensamiento abstracto y de este a la práctica. Supone así el enriquecimiento de los contenidos, conceptos, su transición recíproca y su lógica específica de movimiento.

Por su parte, el principio de la práctica dispone que el conocimiento victimológico es estimulado por los problemas y contradicciones que vive el hombre que lo lleva a plantearse constantemente la solución a estos problemas como la vida misma, la producción, la lucha social, la política, etc.- Es así que el hombre va avanzando hacia delante. El fin supremo del conocimiento es servir a la práctica y la práctica victimológica es el termómetro que permite verificar, rectificar y completar los conocimientos.

3.4. La ciencia victimológica como reflejo de la unidad sociedad-naturaleza.

La ciencia victimológica es un reflejo indudable de la unidad sociedad-naturaleza. Soy del criterio que quizás su expresión es una de las más tristes e indeseables para la humanidad. Ello lo considero porque la Victimología estudia las víctimas y los fenómenos victimológicos y estos últimos nunca son un acontecimiento feliz.

Como bien habíamos afirmado con anterioridad, la Victimología es una institución social, una forma de conciencia social independiente y una forma de producción espiritual. Esta ciencia se refleja y regula por medio de las normas jurídicas las cuales regulan los intereses sociales y especialmente los de la clase socialmente dominante. Por eso es también un reflejo de la interacción sociedad-naturaleza. El Derecho condiciona el reflejo social de la Victimología grandemente y por ello en muchos Estados unas conductas son sancionadas por la ley como victimológicas mientras que en otros no. Lo cierto es que el Derecho al establecer las tesis victimológicas condiciona el reflejo de esta ciencia para una sociedad dada en un momento histórico concreto. Esto explica por qué muchas veces una conducta que es considerada victimológica en un mismo Estado puede dejar de serlo y una que no lo es puede comenzar a considerarse como tal. Con ello queremos destacar el papel condicionador y activo del Derecho respecto al reflejo de la ciencia victimológica. Como es evidente esto depende del régimen socioeconómico imperante.

La Victimología como reflejo de los intereses sociales no está condicionada exclusivamente por las normas jurídicas sino también por las normas sociales y por la ideas morales y religiosas de la sociedad. Muchas veces las tesis victimológicas no están reguladas jurídicamente y aún cuando estén reguladas no se realiza de la manera más correcta. La diversidad ideológica, religiosa y moral de los ciudadanos suele ser tan variada que gran parte de la misma no puede ser reglamentadas por las normas jurídicas. En estos casos la propia sociedad establece sus pautas ético-morales y ello se evidencia en la aceptación social o repudio a determinadas normas sociales, aún cuando no constituyan delito o estén sancionadas civil o administrativamente. En estos casos el Derecho trata de reflejar estas pautas sociales y así establece relaciones dialécticas con la sociedad.

Otra condicionante de la Victimología como reflejo de la unidad naturaleza-sociedad es la experiencia propia del investigador, ya que esta determina su cosmovisión y por supuesto su interpretación de los fenómenos victimológicos concretos y producción de conocimiento por medio de teorías e hipótesis así como la conformación de determinadas concepciones culturales.

También condiciona el reflejo en cuestión el régimen socio económico imperante y, desde una perspectiva individual, además de la propia experiencia vivida del investigador, su *estatus* socioeconómico. El *estatus* socioeconómico del investigador juega un papel importante en la producción de conocimientos victimológicos ya que mientras mayor sea este más fácil será para el estudioso adquirir las herramientas necesarias para su labor y moverse en la sociedad con menos censura y limitaciones a la libertad de expresión de sus resultados obtenidos; así podrá expresar y comunicar el conocimiento producido de manera transparente. Tengamos en cuenta que en todos los Estados existen temas victimológicos que por razones políticas, económicas o de otra naturaleza suelen ser censurados. Ello es más observable especialmente en materia de Victimología sociológica. Lo cierto es que existen temas victimológicos "incómodos" que en dependencia del sistema socioeconómico son más publicados que otros. Todo depende de cuánto beneficien o perjudiquen a la clase sociopolítica dominante en un Estado.

La ideología del investigador y la presión política que éste directa o indirectamente recibe de la clase en el poder van a determinar en gran medida la forma en que el mismo va a comunicar el conocimiento producido. La presión a la que hacemos referencia es ejercida de muchas maneras y corre como sangre en nuestras venas por las instituciones y diseño de cada sociedad. El sujeto nace y crece en medio de dicha presión y dichas limitaciones concibiéndolas en muchos casos como un elemento más de su cultura y expresión social. Por eso toda producción científica victimológica debe ser analizada íntegramente desde el contexto histórico concreto en el que se produce el conocimiento y en directa relación con las circunstancias socio histórica en la que se ha formado el investigador o ha adquirido los conocimientos necesarios para producir el conocimiento victimológico.

Todo ello evidencia el papel que juegan las clases sociales en la interpretación y sentido de la producción del conocimiento victimológico.

3.5. El conocimiento victimológico y su condicionamiento por el régimen socioeconómico imperante.

Como bien hicimos referencia anteriormente en esta obra, la estructura socioeconómica está compuesta fundamentalmente por una base económica y la superestructura. En este sentido, el tema referido al conocimiento victimológico y su acondicionamiento por el régimen socioeconómico imperante se basa en la influencia de la superestructura sobre la producción científica victimológica y el matiz de la misma en una sociedad dada.

Recordemos que la superestructura se compone del sistema político, jurídico, el componente ético y moral de la sociedad, así como el sistema de ideas religiosas, filosóficas y estéticas mayoritarias e imperantes en la misma. También debemos reiterar que la superestructura está condicionada por el régimen económico correspondiente. Con todo esto queremos significar que cualquier tentativa de determinación del condicionamiento del conocimiento victimológico por parte del régimen socioeconómico debe partir de cómo la producción científica victimológica es reflejo de cada elemento de la superestructura. De igual manera se debe tomar en cuenta hasta qué punto cada elemento de la superestructura limita o impulsa, favorece o desfavorece el desarrollo de la ciencia victimológica.

En el caso del sistema político el condicionamiento se refleja en la satisfacción de intereses de la clase políticamente dominante por medio de los elementos que componen dicho sistema. No podemos perder de vista que el Estado es el elemento más importante del sistema político y es el único ente que dispone del poder público político. Por estas razones solamente nos referiremos al Estado como elemento del poder político conforme a los objetivos de esta obra.

El poder político, como ya hemos hecho entrever, puede estar en diversos elementos de la sociedad pero sólo el Estado puede dar al poder que ostenta el carácter de *público*. Ello significa que puede ejercer su poder sobre toda la población de manera universal, inclusive por medio de la coactividad (uso de policías, juzgados, cárceles, servicios secretos, fuerzas militares, etc.). El carácter político del poder del Estado alude a intereses de grupos que pretenden dominar en la sociedad o imponer determinados consensos en ella. En el pensamiento marxista el poder político se asocia a las clases sociales, sus luchas y a los propósitos de dominación económica de una clase sobre el resto de la sociedad. No obstante, resulta loable aclarar aquí que los poderes ideológicos y políticos son mucho más que la expresión del poder económico de una clase, pues una clase que sea económicamente dominante no tiene por que serlo políticamente. Lo cierto es que el Estado tiene una esencia clasista y esa es y será su característica más general y notable. La esencia clasista del Estado, su significado como mecanismo de dominación de clases en la sociedad, constituye lo medular de ese aparato complejo y que muchas veces se desdibuja en la teoría y hasta en la misma percepción práctica. Esta esencia clasista del Estado, su sentido de mecanismo y aparato de dominación de clases se pone de relieve justamente a través de su funcionamiento, es decir, cuando el Estado actúa y despliega toda su naturaleza mediante sus funciones.[18]

Las clases sociales son las que establecen las tesis victimológicas sociales[19] y la prioridad de una respecto a otra ante determinados conflictos sociales que se pueden suscitar, o simplemente ante una colisión de derechos regulados en las normas jurídicas contentivas de dos o más tesis victimológicas distintas. En estos casos la clase social dominante seleccionará de un sinnúmero de tesis victimológicas sociales aquellas que le sean convenientes y prohibirá o limitará la práctica y respeto por aquellas tesis victimológicas que contravengan sus intereses de

[18] *Vid*: FERNÁNDEZ BULTÉ, JULIO: *"Teoría del Estado y el Derecho I"*. Ed. Félix Varela. La Habana. Cuba. 2001.P. 60-61 y ss.

[19] Por tesis victimológica se debemos entender: *La enunciación de una verdad demostrada o supuesta que se expone por medio de una serie lógica de conceptos y categorías deontológicas dirigidas a los seres humanos para su conocimiento y, consecuentemente, hacer el ánimo o propósito de su ejecución durante su actuar como expresión de una conciencia individual y social de las consecuencias victimológicas que acarrearía su inobservancia y que deviene, además, en necesidad y condicionante natural para el entendimiento, convivencia pacífica y garantía de la supervivencia, productividad material e ideal y sostenibilidad de la especie humana.*

clase. Para ello utilizará sus facultades de dirección del Estado mismo por medio de sus órganos de control y gobierno para desplegar las funciones de dicho Estado en el estricto cumplimiento de sus disposiciones políticas. En este sentido es que aprovechará al máximo y en lo posible al sistema político de la sociedad. [20]

Debemos tener bien claro que estos intereses políticos no son expuestos así como así. Estos intereses o exigencias económicas de una clase suele sufrir una conversión o traducción a intereses o valores políticos y eso es algo en cuyo proceso hay un conjunto complejísimo de mediaciones que no pueden se olvidadas y mucho menos obviadas. Una de estas mediaciones es la comunicabilidad de esos intereses en toda la extensión de la palabra. Pero recordemos que una de las fases de la producción del conocimiento es también su difusión o sociabilidad. En la producción del conocimiento victimológico específicamente el

---

[20] Entiéndase por sistema político de una sociedad clasista determinada, *el conjunto de órganos, aparatos, mecanismos, organizaciones, normas de proceder y reglas, que tienen en el aparato estatal su eslabón principal y a través de todas las cuales se adoptan las decisiones políticas. Vid:* FERNÁNDEZ BULTÉ, JULIO: *Ob. cit.*P. 188-189.

condicionamiento político es quizás más visible que en otras ciencias sociales. Un acto victimológico realizado por los órganos de represión estatal en contra de una minoría solamente será considerado como tal si la propia ley que legitima los intereses de la clase políticamente dominante así lo reconoce. De no ser así, el acto no puede ser considerado formalmente victimológico aún cuando materialmente lo constituya. Ello se debe a que las tesis victimológicas que se religan no han sido legitimadas por el sistema de Derecho vigente en el Estado correspondiente. En las dictaduras se manifiesta mucho esta situación que acabamos de exponer. Otro ejemplo evidente y que no es exclusivo de las dictaduras es la reconocida pena de muerte. En estos casos ante determinados crímenes es el propio ordenamiento jurídico quien prevé y formaliza este acto victimológico. Sin embargo, formalmente no es considerado como tal según reflejan los intereses de la clase políticamente dominante. Casi siempre en los Estados donde suele admitirse esta sanción se fundamenta su vigencia en razones político-históricas que demuestra una vez más la esencia clasista de la percepción popular y jurídica de la Victimología en tanto fenómeno manifiesto. De esta manera el conocimiento victimológico producido no puede contraponerse a los intereses de la clase políticamente dominante ni al ordenamiento jurídico utilizado por esta para establecer el orden social deseado. A la hora del investigador comunicar sus resultados no tendrá más límites que los establecidos por la propia clase políticamente dominante y el ordenamiento jurídico y legislativo vigente en el Estado correspondiente. La forma en que se comuniquen sus resultados, el momento en que se realice dicha comunicación y los códigos comunicacionales empleados se deberán corresponder por fuerza con la ideología que propugne el Estado y procurar, a corto o largo plazo, respaldar intereses clasistas.

Este es un tema que siempre que lo he tratado en diversos espacios crea gran controversia. Para algunos estudiosos de la Victimología el conocimiento victimológico existe y existirá independientemente de la influencia que la superestructura pueda ejercer sobre el investigador. Para otros, la superestructura y el sistema económico mismo sí condiciona la forma del conocimiento victimológico. Lo cierto es que el conocimiento, tal y como he manifestado en esta y otras obras, tiene un componente valorativo muy significativo y el investigador victimólogo está interceptado en el proceso de búsqueda de la verdad científica por sus experiencias personales y su actividad social, pues este es ante todo un ser social. Ello significa que está sujeto a las leyes de la sociedad y al poder público y político que el Estado ejerce sobre él.

Otro componente de la superestructura que condiciona el conocimiento victimológico y a la Victimología en tanto ciencia es el Derecho y el sistema jurídico.

El Derecho es esencialmente un fenómeno social que forma parte de la superestructura de la sociedad, de la cultura y del espíritu de cada sociedad determinada. Es un fenómeno político y es esencialmente un orden normativo dictado por el Estado. En tal sentido, tiene un contenido axiológico y es portador de valores y defensor de ellos. El Derecho forma parte de la conciencia social y dentro de ella ocupa un lugar singular. La expresión del fenómeno jurídico en la conciencia social se identifica como la conciencia jurídica, que es la apreciación que tiene la sociedad sobre los principales valores jurídicos; es decir, sobre la justicia, lo justo, lo legal, lo ilegal, etc. La conciencia jurídica deriva de la ideología, de la conciencia política y de la propia naturaleza del Derecho y, por supuesto, varía en la evolución histórica, en la misma medida en que se produce el proceso civilizador y evoluciona la cultura humana y el Derecho en particular; constituye una forma de valoración del Derecho y por ello tiene un esencial contenido de clase.[21]

El contenido de clase del Derecho debe ser comprendido sobre la base de que este siempre, en cualquiera de sus formas, constituye una normativa que expresa la voluntad política del Estado y, con ello, refleja la lucha de clases de cada sociedad y cada momento histórico, y en su esencial normativa responde a los intereses de la clase dominante económicamente. Debido a esto muchos autores consideran que el Derecho es un cuerpo volitivo-clasista e insisten en que siempre expresa la voluntad de la clase dominante. Lo cierto es que el Derecho, al igual que el Estado, refleja sobre todo el nivel de las contradicciones

---

[21] FERNÁNDEZ BULTÉ, JULIO: *"Teoría del Estado y el Derecho II"*. Ed. Félix Varela. La Habana. Cuba. 2001.P. 22-23 y ss.

de clase de cada sociedad en cada momento histórico y, por lo regular, contiene en su normativa política y social crucial los intereses de la o las clases dominantes. Tal y como ya hemos referido anteriormente en referencia al Estado, ello no quiere decir que sea solo un cuerpo normativo que al desnudo y sin mediaciones expresa solo la voluntad de la clase o los sectores económicamente dominantes. No es un secreto que a veces las luchas sociales impiden que las cosas resulten tan fáciles para las clases económicamente dominantes. Otras veces es la conciencia jurídica general de la sociedad la que frena que las cosas se traduzcan de un modo tan elemental, y en otras muchas ocasiones son obstáculos técnicos, derivados de la estructura científica y técnica del orden normativo, los que se interponen entre los intereses de la clase poderosa y su traducción elemental en normas jurídicas.[22]

La Victimología se ve condicionada por el Derecho desde el primer momento que este es un instrumento de las clases sociales dominantes para reflejar, legitimar y responder a sus

---

[22] *Ibídem.*

intereses y voluntad política. Tengamos en cuenta que uno de los rasgos del Derecho es la *obligatoriedad*. Conforme a esta última, el Derecho es un dictado de conducta obligatorio para toda la sociedad y que se apoya en la coacción estatal para hacer valer sus mandatos contra aquellos que incumplan sus disposiciones.[23] Así, tal y como expresamos anteriormente en esta obra, convierte los intereses políticos en valores y surge entonces otra forma de expresar dichos intereses de la clase económica y políticamente dominante: la adecuación del intelecto y de la conducta integral con las tendencias y necesidades capitales de la vida individual y del género humano (conveniencia vital subjetiva).[24] En un segundo momento esos valores-intereses se elevan hasta

---

[23] Vale destacar que cuando nos referimos a la obligatoriedad del Derecho como rasgo de este hacemos alusión al Derecho como orden normativo íntegro sin que ello signifique que todas y cada una de sus normas o preceptivas tengan que ser obligatorias; pues muchas normas son desiderativas o permisivas que se caracterizan por dejar escoger en el depositario o, en otra variante, las que permiten la adopción de diferentes conductas. FERNÁNDEZ BULTÉ, JULIO: *ob.cit* (*Teoría del est… tomo II*) P.25.

[24] BARRERA, NICACIO: *"La Verdad y los valores"* en Revista de la Facultad de Derecho del Rosario. #4/6, Argentina. Noviembre de 1986.P.51

convertirse en "ideas", "Ideario" aunque no pierdan del todo su carácter emocional y su base material de sustentación. De tal modo, los intereses de la clase dominante dentro de la lucha de clases de la sociedad, pasan por mediaciones complejísimas: ante todo, de simples requerimientos materiales, más o menos sintetizables que obedecen a las condiciones materiales de vida de la clase y de la lucha de las demás clases y se convierten por fuerza dichas exigencias en voluntad política o estatal.

La Victimología también está condicionada por el Derecho sobre la base de que este último legitima las tesis victimológicas que son priorizadas por las clases sociales económicas y políticamente dominantes. Si tomamos como ejemplo el Derecho Penal notaremos que este es puramente imperativo al exigir conductas determinadas y reprimir el incumplimiento de estas. La norma jurídico penal no es más que un reflejo de los intereses clasistas expresados en valoraciones, ideales que en esencia sanciona a todo aquel que ejecute actos contrarios a los "valores" que propugna la normativa correspondiente. Lo más importante de todo esto, a tenor del tema objeto de la presente obra, es que la norma penal o el delito descrito en ella propiamente tiene como fundamento una tesis victimológica que puede ser de naturaleza social o no que ha sido priorizada por la voluntad estatal. Por ejemplo: los delitos contra los derechos patrimoniales prohíben robar pero la tesis victimológica defendida es el respeto por la propiedad ajena, no obstante, resulta difícil encontrar un código penal perteneciente a un país capitalista donde se sancione severamente la explotación del hombre por el hombre y la propiedad privada, cuando sabemos que la explotación del hombre por el hombre contraviene una tesis victimológica que quizás pudiéramos catalogarla hasta de natural, que establece que el hombre debe ser dueño de su creación individual y de su producción como único propietario de su fuerza de trabajo y sus instrumentos de trabajo. De igual manera es casi imposible encontrar un país socialista en el que cuyo código penal no sancione la explotación del hombre por el hombre y la acaparación de bienes materiales así como la acumulación de capital. Evidentemente en ambos casos la ausencia o presencia de tales disposiciones obedece a intereses clasistas expresados como "voluntad Estatal y valores sociales". De esta manera la producción científica victimológica deberá por fuerza reflejar estos valores jurídicos para tener un mínimo de credibilidad o más bien "aceptación" en la sociedad concreta correspondiente y así influir en la conciencia jurídico-social. Ello no significa que aún cuando el victimólogo elabora hipótesis, teorías y leyes que no corresponden con la esencia clasista particular del Estado correspondiente dichos resultados sean errados. Considero que lo errado está en prostituir la producción victimológica y el conocimiento científico para exponer solamente aquellos resultados que reflejen los intereses de la clase política y económicamente dominante. Este fenómeno que nace en la misma esencia clasista del Estado, el Derecho y la sociedad en general es visto también cuando quien financia la investigación victimológica es la clase dominante y, por tanto solo serán comunicables y aceptados aquellos resultados que reflejen sus intereses. La imperatividad, la obligatoriedad y la coactividad del Derecho como fenómeno íntegro son características que lo convierten en un instrumento idóneo de las clases políticamente dominantes para condicionar conforme a sus intereses tanto la percepción popular del conocimiento victimológico, su inserción en el sistema de principios y valores sociales, así como su publicidad e interpretación como instrumento de cambio y desarrollo social en una sociedad determinada en un momento histórico dado.

Otro elemento de la superestructura al que haremos mención es al sistema de ideas ético-morales de la sociedad. Todo grupo social dotado de alguna trascendencia estructural o entidad organizativa que haga compleja sus relaciones internas y externas, necesita construir su propia normatividad funcional o conjunto de valores declarados que viabilicen su funcionamiento. En este caso se encuentran las profesiones, entendidas como grupos cohesionados alrededor del ejercicio de un quehacer humano socialmente valorado o reconocido. Los grupos profesionales se rigen por sus propias normas y principios conductuales, los que reflejan las características esenciales de esa concreta actividad profesional. Resulta necesario así la estructuración de determinadas regulaciones de conductas que organicen la actividad de ese conglomerado; apareciendo consecuentemente la ética profesional, entendida como el conjunto orgánico de valores, principios y normas que regulan el comportamiento laboral de los integrantes de determinada profesión. Dentro de esta ética se encuentra la moral como la manifestación más personalísima y subjetiva del individuo, su impronta de enjuiciamiento y valoración deontológica más particularizada dentro de todo el sistema ético. Cada persona aunque responda a un código de ética colectivo posee su propia moral como sujeto profesional (moral profesional). Pero la moral profesional está precedida por la moral social[25] porque los miembros del grupo profesional que se acogen a un código de ética y moral determinados son ante todo miembros de una sociedad. Con ello queremos decir que el victimólogo recibe una influencia directa de la moral social mientras que desarrolla una moralidad profesional. Por estas razones hemos querido diferenciar ambos sistemas: por un lado la moral social y, por otro lado, la moral profesional. La moral profesional siempre va estar supeditada o enmarcada en los cánones de la moral social. Esto no ocurre solamente por el hecho de que el victimólogo es

---

[25] Entendida esta como la conjunción de caracteres comunes de un sinnúmero de morales individuales en la sociedad,

ante todo miembro de una sociedad y recibe la influencia de la moral social a la hora de desarrollar una moral profesional sino que la moral social existe previa a la moral profesional. El victimólogo no nace sabiendo Victimología; primero debe crecer, recibir estudios generales y posteriormente especializados en esta materia. Generalmente este proceso de educación y formación requiere de más de veinte años y es en este periodo que el sujeto desarrolla su moral dentro de los patrones de la moral social gracias a los agentes formales e informales de control social y de despliegue de la actividad educativa e ideológica del Estado. Una vez que inicia sus estudios especializados el sujeto que devendrá victimólogo comienza a desarrollar patrones morales que por muy propios que le sean vendrán siendo interceptados constantemente por la moral social actual y toda aquella acumulada previa a su formación. Ello significa que la moral social nunca deja de influir en el desarrollo de la moral profesional del victimólogo, aún cuando la primera antecede y condiciona a la segunda. Lo cierto es que la moral profesional es algo que se suscita y desarrolla exclusivamente en la subjetividad del victimólogo. Este tipo de moral, si así pudiéramos decirle, se refleja en su actividad científica mediante los juicios de valor y desvalor, así como criterios y valoraciones que este realiza sobre determinadas categorías victimológicas o casos victimológicos concretos. Para muchos victimólogos un mismo fenómeno victimal puede parecer grave(dañoso) y para otros no o, de igual forma, para algunos ni siquiera constituir un acto de victimización sino una muestra plena de justicia. Ese es el caso, por ejemplo, del aborto y la pena de muerte. Destacamos que la idea de que la moral social condiciona la moral profesional del victimólogo no es absoluta; pues existen casos abundantes de personas cuya moral no corresponde a la moral social. La verdad es que en la moral profesional no influye solamente la moral social sino el sistema político y jurídico en toda la extensión de dichos términos. El primero por medio de los valores-intereses que propugna y defiende la clase económica y políticamente dominante mientras que el segundo influye por medio de las conductas que establece como patrones a seguir conforme a sus rasgos de obligatoriedad y coactividad. Todo ello se refleja de una manera u otra en la moralidad del victimólogo y se manifiesta en su actividad científico-práctica.[26]

Ahora bien, la ética es algo más general y abarcador que la moral. Por medio de la ética se establece un código de conductas deseadas y valoradas como idóneas para la práctica profesional(ética profesional) y la vida social (ética social). Las normas éticas no son propiamente jurídicas pero sí encierran un reproche moral ante su incumplimiento. Ello no quiere decir que la moral condicione la ética, pues esta última desborda el concepto y el contenido de la moralidad. Las normas éticas profesionales incluyen la moral profesional y hasta la social, pero a diferencia de estas la ética profesional adquiere un sentido muchas veces *suprasocieta* o supranacional. Es muy común encontrar códigos de ética aplicables a cualquier sociedad por su carácter integrador de los principios y valores generales más significativos de cada profesión. Ello no significa que en su interpretación y aplicación en cada sociedad no medien toda la influencia y condicionamientos

---

[26] al respecto vid: AGUILAR AVILÉS, DAGER: ¨*Victimología, Fundamentos científicos y Filosóficos Generales*". Ed. Eumed. Universidad de Málaga, Málaga, España. 2014.

políticos, económicos y jurídicos que hemos hecho mención hasta ahora en esta obra. Inclusive, hasta la moralidad puede influir en la interpretación, valoración y enjuiciamiento de las conductas contenidas en un código de ética profesional. Pero nótese que decimos "influir" y no "condicionar" porque los resultados más antonomásticos de la influencia de la moralidad individual y social sobre un código de ética oscilarán entre su aceptación y respectivo acatamiento hasta su rechazo, pero nunca su condicionamiento como sistema ético de conductas propias de un quehacer profesional determinado. Por estas razones podemos decir que la ética profesional es mas o menos universal en dependencia de lo universal o no de la actividad práctica profesional. Por ejemplo, en el caso de la Victimología forense y clínica se siguen códigos éticos bastante universales en el despliegue práctico de estas síntesis victimológicas. No obstante, no ocurre así en la Victimología sociológica.

Ahora bien, en el caso de la ética como sistema y elemento de la superestructura de la sociedad el tema difiere en parte de la ética profesional y por eso hemos querido abordarlo independientemente. La ética como sistema de valores declarados y principios conductuales de la sociedad está condicionado indiscutiblemente por el régimen político imperante en cada Estado y el sistema jurídico establecido en el mismo. Por ello es correcto afirmar que el sistema ético-moral de la sociedad es un reflejo de los intereses de la clase políticamente dominante y su aceptación social o no será un reflejo de la lucha de clases.

La ciencia victimológica se verá condicionada por el sistema ético en tanto sus preceptos científicos no contradigan o nieguen la posibilidad de ejecución de alguna de las conductas exigidas como principios o manifestación de valores de la sociedad. En tal sentido la relación entre la ética social y la Victimología va enmarcarse en aquel segmento de la teoría victimológica referido a la práctica o aplicación de esta ciencia. Un ejemplo puede ser la exigencia de tratamiento humano e indiscriminado de las víctimas independientemente de sus características personales o posición económica. En este ejemplo citado el componente ético está en tratar a todas las víctimas con igual esmero sin preferencias de una con respecto a otras por razones de discriminación racial, sexual, etc. En este sentido, la ciencia victimológica establece que la preferencia de una víctima respecto a otra ante un caso de pluralidad de víctimas solo debe obedecer a razones de orden de gravedad. Ello significa que se debe priorizar primero la atención preventiva a los casos más graves y restituir primero a los casos más complejos socialmente. Aquí vemos como se refleja una conducta ético-social en un precepto ético profesional y para nada se contradice uno con el otro. Sin embargo no sucede así en aquellos sistemas en los que la víctima es priorizada en su atención por su seguro médico o *estatus* social. Este es el caso de los hospitales privados a los que muchas veces llegan víctimas de asaltos u otra índole y no son atendidos por carecer de posibilidades económicas o a menos no son atendidos adecuadamente con las condiciones de otras víctimas más acaudaladas. En todos estos casos la conducta seguida por las autoridades sanitarias o que correspondan al caso concreto no es considerada por las autoridades como antiética ni amoral porque responden a una estructura político y jurídica establecida y legitimada por el Estado correspondiente. La sociedad acepta estas formas de comportamiento como parte de las reglas intrínsecas del juego social y muchas veces ignora que detrás de todo esto están los intereses de la clase políticamente dominante. A la hora de producir y comunicar el conocimiento victimológico solamente se tomarán en cuenta aquellas teorías que reflejen estas conductas, a mi criterio discriminatorias, como actos verdaderamente humanos. De esta forma se crea una cortina de humo para penetrar la conciencia social y seguir estableciendo patrones éticos y morales acomodados a los intereses clasistas económicos y políticamente dominantes.

Por último quisiéramos hacer alusión a la religión o sistema de ideas religiosas de la sociedad como otro de los componentes de su superestructura. Por religión de entenderse a grandes rasgos el conjunto de creencias o dogmas acerca de la divinidad y de las prácticas rituales. Es conocido que a lo largo de la historia de la humanidad la iglesia ha jugado un papel crucial en la formación de los Estados y en el reflejo de su esencia clasista y la lucha de clases. Su relación con la Victimología no es reciente. Debemos tener presente que desde la edad media el tema victimológico se agitaba dentro del fenómeno criminológico y ya algunos hacían Victimología sin saberlo. Todo esto se hace más notable cuando en la edad media comienza a evidenciarse una progresiva victimización del delincuente a partir de la excesiva rigurosidad del sistema de penas establecido por el Derecho Penal Canónico.[27] Tengamos en cuenta que las penas fundamentales en orden de gravedad establecidas para este entonces fueron: 1-La Excomunión, la Hoguera y tormentos;[28] 2- la detención perpetua y reclusión en los conventos; 3- La Penitencia y peregrinación; 4- rezos y limosnas. Ello se corrobora con el excesivo y masivo uso de la tortura como medio de confesión del delito para tranquilizar la conciencia del juez y la bipolaridad del derecho a castigar (*ius puniendi*) lo cual en ocasiones hacía reiterativas en un mismo sujeto las penas antes mencionadas y hasta extendidas a terceros y arbitrio judicial sin presencia de un marco legal,

---

[27] Tanto es así que para ese entonces se Implantó la Tregua de Dios (especie de asilo otorgado por los templos) lo cual limitó a la venganza privada y protegía también a los reos fugitivos como a las víctimas de delito porque violar la tregua era considerado Sacrilegio.

[28] Entre los tormentos a los que podemos hacer referencias se encuentran las mutilaciones, trabajos forzados, confiscación de bienes a favor del señor feudal.

por lo que el juez podía aplicar las leyes que juzgaba conveniente.[29]

Posteriormente los médicos de prisiones tuvieron desde mitad del siglo XVIII y comienzos del siglo XIX un papel trascendental en los estudios victimológicos. Ellos tenían la misión de estudiar y dar seguimiento al estado de salud de los prisioneros para garantizar la sobrevivencia del reo a todas las torturas hasta lograr su confesión.[30]Cuando la muerte del reo se producía estando en prisión el médico debía certificar su muerte bajo la responsabilidad de que si se demostraba que el reo no estaba realmente muerto el médico debía ocupar su lugar o recibir una pena determinada en dependencia de la pena que debía sufrir el reo. Por estas razones, contra la práctica de la magia negra, por la cual se le otorgaban brebajes a los reos para detener aparentemente sus signos

[29] QUISBERT, ERMO: *"Historia del Derecho Penal a través de las Escuelas Penales y sus Representantes."* Editado por el Centro de Estudios de Derecho. Enero 2008. Obtensible en http://h1.ripway.com/ced. consultado el 25 de marzo de 2010. 3:45pm. P.23.

[30] RODRÍGUEZ MANZANERA, LUÍS: *Ob. (Criminología) Cit*: P.201.

vitales aparentando una muerte y así librar a los mismos de la pena, era extendida la práctica médica de punzonar el corazón del reo para asegurarse de su muerte. Las condiciones precarias de trabajo de los médicos de prisiones, las infrahumanas condiciones de vida en las celdas, la crueldad de las penas y métodos de ejecución de las mismas; la inoperancia del sistema de justicia inquisitivo que, sin duda alguna aglomotinaba en prisiones a más inocentes devenidos víctimas que a delincuentes realmente culpables, así como la victimización constante y desproporcionada de los mismos delincuentes para lograr su confesión fueron algunas de las causales de que en los comienzos del siglo XIX ocurriera un cambio en la mentalidad de los médicos de prisiones y se apreciara un interés por el estudio victimológico desde la perspectiva clínica. Así florecen obras científicas que describen entre sus líneas un marcado sentido victimológico como *"Tratado sobre el Espíritu"* escrito por TOMAS ABERGROMBY en 1656 el cual trató aspectos psiquiátricos de los prisioneros como fue la agresividad y la manía moral evidenciando la inoperancia de algunas penas y los métodos de tratamiento penitenciario y de búsqueda de la verdad en el proceso penal. Otro estudioso que más adelante hiciera sus grandes aportes fue JUAN MABILLÓN, Monje Benedictino quien en su obra "*Reflexiones sobre las cárceles*" establece principios penitenciarios y victimológicos y alegó por la necesidad de humanizar la pena.

La religión como sistema conjunto de creencias o dogmas acerca de la divinidad y de las prácticas rituales condiciona la ciencia victimológica en tanto forma parte del proceso social de formación de valores e intereses. Ello se manifiesta más en los Estados en los que la Iglesia juega un papel importante en la lucha de clases y el proceso de formación ideológica de los ciudadanos. La religión se encuentra presente en todos los aspectos de la vida y en todos los sectores sociales. En la familia, célula de la sociedad, es donde los principios religiosos están más presente, de alguna forma u otra. No todos los Estados describen igual sistema religioso y aquí es donde comienza la problemática de la Victimología con respecto a la religión.

En algunas de las distintas religiones que se han conocido por la humanidad existen diferentes prácticas de castigo o penitencia que pueden ser consideradas muchas veces como verdaderos actos victimológicos. La concepción manejada sobre las relaciones de pareja, de género, tratamiento a la infancia y la ejecución de determinados sacrificios, entre otras conductas, conllevan muchas veces a comportamientos discriminatorias y denigrantes de la condición humana, inclusive pueden determinar muchas veces el fin de la vida del sujeto religioso como una muestra de respeto a sus deidades. En muchos Estados estas conductas son vistas como normales debido a su cotidianidad. Ello también obedece a que permite el control político y económico de determinados sectores sociales que no tienen voz ni voto y justifica determinado grado de explotación de estos u otros sectores sociales minoritarios. Al final, detrás de todo esto se esconden los intereses de la clase política y económicamente dominante.

El victimólogo, como ser social, no escapa del influjo del sistema religioso, ya sea aquel oficializado por el Estado u otro tipo de religión. Lo cierto es que su cosmovisión y su práctica estarán limitados por los principios de la religión que profesa y el sistema político que lo legitima. No obstante, la ciencia Victimológica en sentido general y vista universalmente, estará por encima de todo condicionamiento posible desde el momento que trascienda las políticas nacionales para establecer un orden científico homogenizado global o supranacional. Considero que en este sentido la existencia de una sociedad mundial de Victimología es crucial para estos fines. Hacemos referencia a esta idea reiteradamente porque no es un secreto que mientras más ascendemos en la superestructura de la sociedad más subjetivo se torna el condicionamiento de la ciencia victimológica, lo cual no quiere decir que no exista. Lo cierto es que la práctica ha demostrado que mientras más se homogenice la ciencia victimológica mundialmente menos podrá ser condicionada por las superestructuras sociales de cada Estado. Otra cosa será el reconocimiento que cada Estado, conforme a su esencia clasista, haga del contenido y principios de la ciencia victimológica, ya sea en su investigación de su objeto de estudio, comunicación de los resultados científicos correspondiente a ella y su aplicación práctica.

Conclusiones parciales

Muchas son las conclusiones a las que pudiéramos llegar respecto al tema objeto de nuestro estudio. La verdad es que solamente tomaremos en cuenta, conforme a los objetivos de la primera parte de esta obra, aquellas más globales y significativas. En tal sentido podemos decir que la esencia clasista de la Victimología se va a fundamentar esencialmente en las siguientes razones:

1-La Victimología es una ciencia social.

2-La Victimología es un reflejo de la unidad sociedad-naturaleza.

3-El conocimiento victimológico está condicionado por el régimen socioeconómico imperante.

4-El conocimiento victimológico y su práctica es un reflejo de la lucha de clases.

5-La Victimología está históricamente condicionada por las clases sociales y la lucha de clases.

6-La existencia de instituciones victimológicas de orden supranacionales permite frenar el condicionamiento clasista de la Victimología en lo que respecta a la manipulación del proceso de creación del conocimiento victimológico ya que se fomenta el intercambio de criterios, de información, el entendimiento y la homogenización y objetividad de la actividad científico-investigativa y docente.

Bibliografía

1. *"Enciclopedia Barsa";* Ediciones Encyclopaedia Británica Publishers, INC. México. (1985).

2. A, J. AYER: *"La filosofía y los problemas, actuales",* Madrid, España. 1981.

3. AGUILAR AVILÉS, DAGER: *"El Pronóstico Probabilístico Lógico-matemático y complejo de las tendencias criminales en las sociedades actuales"* investigación inédita..la Habana. Cuba. 2010-2011.

4. ALLER, GERMAN: *"Cuestiones Victimológicas de Actualidad: Origen de la Victimología, Seguridad, Cifra Negra, Personalización del conflicto y proceso penal"* en la Revista del Instituto Latinoamericano de las Naciones Unidas para la Prevención del Delito y el Tratamiento al Delincuente. No 27.Costa Rica. 2011.

5. ÁLVAREZ ÁLVAREZ, J.FRANCISCO; TEIRA SERRANO, DAVID; ZAMORA BONILLA, JESÚS: *"Explicación Nomológica y explicación*

Causal" en *"Filosofía de Las Ciencias sociales"* Ed. Universidad Nacional de Educación a Distancia. Madrid. España. 2005.

6. ANTÓN ONECA, JOSÉ. *"Derecho penal, parte general",* Madrid. España,1949.

7. ANTÓN PRIETO, JOSÉ IGNACIO: *"La Criminología como ciencia social. Pasado, Presente y Futuro".* ponencia presentada en el *Aula de Criminología 2010* que SECCIF organizó en Valladolid el 2 de diciembre de 2010. Publicado en Notijurídicas. Jornal Leggio. Septiembre de 2011. Consultado el 3/4/12. a las 9:47 p.m.

8. ANTONY, CARMEN: *"Intustigaeión Bibliogrifie sobre Victimología en América Latina",* Reunión Preparatoria del IX Congreso Internacional de Criminología, Universidad de Panamá. Panamá.1982.

9. AUDI, ROBERT: *"Naturalism".* En BORCHERT, DONALD M: *The Encyclopedia of Philosophy Supplement.* USA: Macmillan Reference.1996

10. AUGUSTE COMTE: *"Curso de filosofía positiva"* (6 vols., 1830-1842).citado por URBINA TORTOLERO, ELADIO ROMÁN. *ob. Cit.* visitado el 7/3/2012 a las 6:30p.m.

11. AYUSO, MIGUEL: (ed.), *"El derecho natural hispánico: pasado y presente",* Publicaciones Obra Social y Cultural Cajasur, (España), 2001.

12. BECKER, H. S.: *"Outsiders: Studies in the sociology of deviance".* Free Press, Nueva York, U.S.A.1963.

13. BERGALLI, R; BUSTOS RAMÍREZ, J; MIRALLES, T: *"El pensamiento Criminológico I. Un análisis crítico"* Ed. Temis Librería. Bogotá. Colombia. 1983.

14. BERNAL, J.D.: *"La Ciencia en la Historia".* (ed. No especificada) tomo I. México.1959.

15. BODES TORRES, JORGE: *"El juicio Oral en Cuba".* Ed. Federación Nacional de Asociaciones Jurídicas del Ecuador. FENAJE. Quito, Ecuador, 2007.

16. BONILLA LUIS: *"Historia de la Hechicería y de las Brujas".* Biblioteca Nueva. Madrid. España.1962.

17. BORGA, ERNESTO EDUARDO: *"La Naturaleza de los Principios Generales del Derecho"*. La Plata. Argentina. 1962

18. BORISSOFF, D: *"The Power to comunicate: Gender diferencies as Barriers"*. Ed. Wareland Press (s.n.). E.U.A. 1985.

19. BUCKLE, S.: *"El derecho natural"* en SINGER, P. (ed.), Compendio de ética, Alianza, 1995.

20. BUNGE, MARIO: *"La Ciencia, sus métodos y su Filosofía"* en el sitio www.philosophia.cl/Escuela de filosofía universidad ARCIS. Consultado el 18/4/2011.18:33.p.m.

21. BURK, IGNACIO; *"Filosofía"*. Ediciones Insula. Caracas, Venezuela. (1985).

22. CABANELLAS DE LAS CUEVAS, GUILLERMO: *"Diccionario Jurídico Elemental"*. Ed. Heliasta SRL.1993.

23. CARABAÑA, J Y LAMO DE ESPINOSA, E: *"Resumen y Valoración Crítica del interaccionismo simbólico"* en *"Teoría Sociológica Contemporánea"*. Ed. Tecnos, Madrid, España. 1978.

24. CARLOS ALBERT:"*Criminología Latinoamericana, teorías y Propuestas sobre el control Social*", parte primera, Universidad de Buenos Aires. Argentina. (1996)

25. CARRIER, RICHARD: "*Sense and Goodness without God: A defense of Metaphysical Naturalism*". AuthorHouse. U.S.A. (2005).

26. CASARES SERRANO, ANTONIO D: "*Genes, Tecnología y Racionalidad. La Estrategia Naturalista en la unificación epistemológica de las ciencias*" en *Aparte Rei: Revista de Filosofía* P.23 y ss. Ostensible en *http://serbal.pntic.mec.es/~cmunoz11/ind ex.htlm* consultado el 18/2/2012 a las 8:30 p.m.

27. CAYETANO FILANGERI: "*La Ciencia de la Legislación*" .Madrid. España. 1821. Tomo III.

28. CLARKE, RV: "*Situational Crime Prevention: Theory and Practice.*" *British Journal of Criminology* N° 20 vol. 2, Londres,U.K. 1980

29. COLECTIVO DE AUTORES. *"Manual de Derecho Romano"* Universidad de La Habana. La Habana. Cuba. 2002.

30. COLECTIVO DE AUTORES: *"Teoría de las causas de la criminalidad en la sociedad socialista",* en *Divulgación Jurídica*, No. 17, La Habana, Cuba.1986.

31. COLECTIVO DE AUTORES: *"Lecciones de Filosofía Marxista-Leninista".* Tomo I. Editorial Félix Varela. La Habana. Cuba. 2007.

32. COLECTIVO DE AUTORES: *"Temas de Derecho Internacional Público".* Ed. Félix Varela. La Habana. Cuba. 2006.

33. COLECTIVO DE AUTORES: *"Vademécum Victimológico".* Ed. Sistema Nacional de Protección y asistencia a Víctimas, testigos y otros participantes en el proceso penal. Primera edición. Mayo, 2011. Ecuador.

34. CORNIL, PAUL: *"De la Victimologie a la Prevention du Crime par la politique criminelle",* III Symposiiun, Alemania, 1979.

35. CORNIL, PAUL: *"La notion de Victimologie et sa place dans la Crimi-nologie"*. I Symposium, Israel, 1973.

36. COSTA, FAUSTO: *"El Delito y la Pena en la Historia de la Filosofía"*. Ed. Unión Tipográfica editorial Hispano-Americana (UTHEA). D.F. México. 1953.

37. CRESSON: *"Les bases de la philosophie naturalista"*, París, Francia.1906.

38. D. ANTISERI: *"El problema del lenguaje religioso"*, Cristiandad, Madrid, España. 1976;

39. D`ESTÉFANO PISANI, M.A.: *"Derecho de Tratados"*. Ed. Pueblo y Educación. La Habana. Cuba. 1977.

40. DE ACEVEDO CASTELLO BRANCO, A.: *"Criminología y sistemas Penitenciarios."* Versión castellana del DR. RAMIRO GUERRA. Editado por Revista de Legislación universal. San Bernardo 58. Madrid. España. 1905.

41. DE AGUIAR DÍAS JOSÉ: *"Tratado de la Responsabilidad Civil"*. Tomo I. Ed. José M. Cajica.JR.S.A. 1957.

111

42. DE ESTÉFANO PISAN, MIGUEL ANTONIO: *"Historia del Derecho Internacional, desde la antigüedad hasta 1917"*, Editorial Ciencias sociales, La Habana, Cuba. 1985.

43. DESCARTES, RENE: *"Discurso del Método y Meditaciones Metafísicas"*, Bruguera, España, 1972.

44. DÍAZ COLORADO, FERNANDO: *"Una Mirada desde las Víctimas, el surgimiento de la Victimología"* en *"Umbral Científico"* número 009. Fundación Universitaria Manuela Beltrán. Bogotá Colombia.

45. DÍAZ COLORADO, FERNANDO: *"Una mirada desde las víctimas. El surgimiento de la Victimología"* en Umbral Científico, número 009, Fundación Universitaria Manuela Beltrán, Bogotá. Colombia. 2006.

46. DÍAZ COSUELO, JOSÉ MARÍA: *"Los Principios Generales del Derecho"* Editorial PLUS ULTRA. Buenos Aires. Argentina. 1971.

47. *Diccionario de la Real Academia Española* (XXII edición). Real Academia Española. Madrid. España.

48. *Diccionario Enciclopédico Abreviado";* Editorial, Espasa – Calpe, S.A. Tomo II. Madrid, España. (1957).

49. DRAPKIN, ISRAEL. *"Criminología de la Violencia".* Editorial Depalma. Buenos Aires. Argentina.1984.

50. DURKHEIM: *"Les regles de methode sociologique" (Las reglas del Método Sociológico),* P.U.F., París, Francia. 1949.

51. EDWARD B. DAVIS and ROBIN COLLINS: *"Scientific Naturalism."* In *"Science and Religion: A Historical Introduction",* ed. Gary B. Ferngren, Johns Hopkins University Press, U.K. 2002,

52. ENGELS F.: *"Dialéctica de la Naturaleza".*Ed. Grijalbo. México.1981.

53. FALCÓN, ROMEO: *"Lineamientos de Derecho Penal",* Icone Editora. Sao Paulo.Brasil.1995.

54. FATTAH, EZZAT.: *"La victime est-elle cupable?".* Les presses del'Uni-versité de Montreal, Canadá, 1971.

55. FELSON, M. & COHEN, L.: *"Social change and crime rate trends: a routine activity approach"* American Sociological Review vol. 44, U.S.A.

56. FERDINAND KIRCHHOFF, BERD: *"2009 Asian Postgraduate Course"* Tokiwa Internacional Institute of Victimology. Tokiwa graduate school of Victimology. Tokiwa. Japón. 2009.

57. FERDINAND KIRCHHOFF, GERD: *"Perspectives on Victimology The Science, the Historical Context, the Present."*publicado en su página web personal ostensible en http://www.gerdkirchhoff.de/kirchhoff/index.aspx?page=35.consultado el 11 de septiembre de 2012. a las 10:45pm.

58. FERNÁNDEZ BULTÉ, JULIO: *"Filosofía del Derecho".* Ed. Félix Varela. La Habana. Cuba.

59. FERNÁNDEZ BULTÉ, JULIO: *"Teoría del Estado y el Derecho. (Teoría del Derecho)"* Ed. Félix Varela. La Habana. Cuba. 2002.

60. FERNÁNDEZ CONCHA, R.: *"Filosofía del Derecho o Derecho Natural"*. Editorial Jurídica de Chile. Santiago de Chile, 1966.

61. FERNÁNDEZ CONCHA, R.:*"Filosofía del Derecho o Derecho Natural",* Editorial Jurídica de Chile, Santiago de Chile, Chile.1966.

62. FERRAJOLI, LUIGI: *"Derecho y Razón"* Trotta. España.1997.

63. FERRI, ENRICO: *"homicidio-sucidio",* Fratelli Bocea Editori, Torino, Italia. 1892.

64. FERRI, E.: *"Sociología Criminale" (Sociología Criminal),* Boca, Turín, 2da edición.Italia. 1900.

65. FERRI, ENRICO, *"The positive school of Criminology",* University of Pittsburg Press, Estados Unidos de America, 1968,

66. FERRI, ENRICO: *"Sociología Criminal"* (texto en inglés) en http://www.marxists.org/archive/ferri/crimi nalsociology/index.htm. Consultado el 1/4/2012 a las 3:30 pm.

67. FÍODOR KONSTANTINOV Y OTROS: *"Fundamentos de la filosofía marxista-*

leninista", trad. de ISIDORO R. MENDIETA, Editorial de Ciencias Sociales, La Habana, 1979.

68. G.H. BRUNDTLAND Y OTROS: *"Nuestro Futuro Común"*, Comisión Mundial Sobre Medio ambiente y Desarrollo.1987 Oxford university Press. U.K.1990.

69. GALILEO GALILEI: *"Diálogo sobre los dos máximos sistemas del mundo"*. Ed. Librería del Colegio, S. A.

70. GONZÁLES RODRÍGUEZ, MARTA: *"Enfoque Criminológico de los estudios Victimales"* Facultad de Derecho de la Universidad Central de la Villas. "Marta Abreu". Villa Clara. Cuba. (fecha de creación no especificada).

71. GONZÁLEZ URIBE, HÉCTOR: *"Manual de Filosofía Social y Ciencias Sociales"*. Instituto de investigaciones Jurídicas de la Universidad Autónoma de México y Departamento de Derecho de la Universidad Iberoamericana. Ciudad de México. México. 2001.

72. GÖPPINGER, HANS, *Criminología,* Editorial Reus, España, 1975.

73. GOPPINGER, HANS. Citado por HIKAL, WAEL: *"Los retos de la Victimología para lograr la Justicia restaurativa y el reconocimiento científico-científico filosófico.*

74. GROCIO, HUGO: *"De Jure Belli ac pacis"* 1625, Prolegómenos, I (traducción existente de TORRUBIANO, Madrid, España,1925

75. GULOTTA, GUGLIELMO: *"La vittima",* Giuffré Editore, Italia, 1976.

76. HART, H, L, A.: *"El Concepto de Derecho".*Ed. Abeledo Perrot, Buenos Aires, Argentina.1968.

77. HELLENBERG, HENRRY: *"Relations Psichologiques entre de criminal et sa Victime".* Revue Internacional de Criminologie et de police técnique" Vol.2. Ginebra. Zuiza. 1954.

78. HERNÁNDEZ HERRERA, MYRIAM: *"La hora de la Víctima. Compendio de Victimología."* Editorial Edersa. España. 1996.

79. HERRERO HERRERO, C.: *"Criminología" (Parte general y especial)* 2da edición,

aumentada y actualizada. Editorial Dykinson, Madrid, España. 2001.

80. HIKAL WAEL: *"Criminología Psicoanalítica, Conductual y del Desarrollo La necesidad de Organizar y sistematizar el penasamiento Criminológico".* Flores Editor y distribuidor. México. (2009).

81. HIKAL WAEL: *"El presente y Futuro de la Victimología. Ciencia, Filosofía y Prevención"* en Derecho y cambio Social. México. 2011.

82. HIRSCHBERGER, J.: *"Breve Historia de la Filosofía".* Editorial, Herder. Barcelona, España. (1968).

83. HOWARD JOHN :*"Estado de las cárceles en Inglaterra y Gales".* 1789.

84. ILIENKOV, E.V: *"Lógica Dialéctica. Ensayos de Historia y Teoría."* Editorial Progreso. Moscú. Rusia.1977.

85. ILSON, J. Q. & KELLING G. L.: *"Broken Windows. The police and neighborhood safety"* The Atlantic Montly. Boston, Magazine de marzo de1982. U.S.A.

86. J, MUGUERZA: *"La razón sin esperanza",* Taurus, Madrid, España. 1977.

87. J. B. Pratt : *"Naturalism"*, New Haven 1939; C. Bouchat, *"Histoire du naturalisme francais"*, París. Francia. 1949.

88. J. Dewey: *"La experiencia y la naturaleza"*, México. 1948.

89. Jiménez de Asúa, Luis: *"La llamada Victimología, Estudios de Derecho Penal y Criminologia I"*, OMEBA, Buenos Aires, Argentina, 1961.

90. Jiménez de Asúa, Luis: *"Tratado de Derecho Penal"*. Tomo I. 2da edición. Ed. Losada. Buenos Aires. Argentina. 1958.

91. Kaiser, Günter: *"Criminología"*, Espasa Calpe, S. A., Madrid, España.

92. Karl Marx y Friedrich Engels, *"La ideología alemana"*. *http://www.marxists.org/espanol/m-e/1840s/feuerbach/1.htm.* sitio consultado el 2/4/2012 a las 10:35am.

93. Kitsuse, J. & Spector, M.: *"Toward a sociology of social problems: social conditions, value-judgements, and social problems"*, Social Problems, Vol. 20, N° 4, 1973.

94. Kolakowski: *"Filosofía positivista"*, Cátedra, Madrid. España. 1979;

95. KUDRIATSEV, VLADIMIR: *"La Causalidad en el medio Social"* en *"Divulgación Jurídica"*, No 24. La Habana. Cuba.1986

96. KUHN, THOMAS: *"La estructura de las relaciones científicas"*, México, FCE, 1983.

97. LANDROVE DÍAZ, GERARDO, *"Victimología"*, Tirant lo Blanch, España.1990.

98. LARRAURI, ELENA: *"La Herencia de la Criminología Crítica"*.2da edición. Ed. Siglo XXI de España Editores. Madrid. España. 1992.

99. LARRAURI, ELENA: *"Victimología, ¿Quiénes son las Víctimas? ¿Cuáles son sus Derechos? ¿Cuáles son sus necesidades?* Dialnet. Unirroja. España. 1993. http//dialnet.uniroja.es/servlet/fichero_artículo?códico=2520556&orden=0.consultado el 13/06/2012.a las 1:35pm.

100. LEANDROVE DÍAZ, GERARDO: *"Victimología"* Ed. Tirant Lo Blanch. España. 1990.

101. LEMERT, E. M.: *"Human deviance, social problems and social control".* Prentice-Hall, Nueva York, U.S.A.1967.

102. LENIN.V.I: *"Cuadernos Filosóficos".* Obras completas. Tomo XXXVIII. La Habana.Cuba. 1964.

103. LEONE, GIOVANNI: *"Tratado de Derecho Procesal Penal"* Tomo I. Traducido por SANTIAGO SENTIS MELENDO. Ed. Ejea. Buenos Aires. Argentina. 1969.

104. LOMBROSO, CESAR, *"Le Crime, Causes et Remedes".* Editeur Félix Alean. París, Francia, 1907,

105. LÓPEZ REY Y ARROJO, MANUEL: *"Criminología",* tomo II, Editorial Aguilar, Madrid, España, 1978.

106. LÓPEZ TAPIA, GUILLERMO: *"Victimología y Compensación a las Víctimas".* En Criminalia XLIII No 1-12. Ed. Porrúa.S.A.Máxico.

107. LORHO /HILP: *"Bulling al work, Informe al parlamento europeo"* París. Francia. 1998.

108. MACEDONIO HERNÁNDEZ. CARLOS. A: *"Breve análisis del origen y evolución de*

la víctima en el Derecho Penal" Derecho.unam.mx .P.10 consultado el 18 de junio de 2012. a las 13:48p.m.

109. MANS PUIG GARNAU, JAIME M: *"Los Principios Generales del Derecho".* Editorial Bosch. Barcelona. España.1957.

110. MARCELINO DÍAZ PINILLO: en *"Temas para el estudio del Derecho Procesal Penal"* Ed. Félix Varela. La Habana. Cuba. 2003.

111.MARIAS, JULIÁN: *"Historia de la Filosofía".* 12da edición. Ediciones Castilla. Madrid, España. (1960).

112.MARIO DE CARO & DAVID MACARTHUR (eds): *"Naturalism in Question".* Cambridge, Mass: Harvard University Press. U.K. 2004.

113. MARSHALL, F: *"La Crisis de la Sociología Norteamericana",* Barcelona, Península. España. 1977.

114.MARX, C: *"Futuros resultados de la Dominación británica en la India".* Obras escogidas en tres tomos. Tomo I. Ed. Progreso. Moscú. Russia. 1976.

115.MARX, C: "*Manuscritos económicos y filosóficos de 1844*" ed. Pueblo y Educación. Habana. Cuba. 1973.

116.MARX, C: "*Tesis sobre Feuerbach*" en "*La Ideología Alemana*". Editora Política. La Habana. 1985. Apéndices.

117. MENDELSOHN, BENIAMIN: "*Las necesidades de la Sociedad Contemporánea*", Messis, año 4, núm. 7, México, 1974,

118.MENDELSOHN, BENJAMÍN: "*La Victimologia y las tendencias de la Sociedad Contemporánea*" en "ILANUD al día", año 4, ñúm. 10, San José, Costa Rica, 1981.

119.MENDELSOHN, J: "*New Biopsychosocial Horizons: Victimology*" (1946).

120. MENDOZA DÍAZ, JUAN: "*Derecho Procesal .Parte General*" P. 67. versión inédita en asignatura de Derecho Procesal-Teoría del Proceso" obtensible en Intranet de la Facultad de Derecho de La Universidad de La Habana. Consultado el día 18 de diciembre de 2011 a las 3:35 p.m.

121. MERTON, R: *"Teoría y Estructuras sociales".* Ed. Fondo de Cultura Económica. México. 1964.

122. MONTEJANO (H.), BERNARDINO: *"Curso de derecho natural"* Abeledo-Perrot. Buenos Aires, Argentina.2002.

123. MONTEJANO (H.), BERNARDINO: *"Curso de derecho natural",* Abeledo-Perrot, Buenos Aires, Argentina. 2002.

124. MUÑOZ POPE, CARLOS E: *"Lecciones de Derecho Penal",* Publicaciones del Departamento de ciencias penales, Vol. I, Universidad de Panamá, Panamá. 1985.

125. N, ABBAGNANO: *"Historia de la filosofía",* 3 vols., Hora, Barcelona, España. 1981.

126. NEUMAN, ELIAS.: *"Victimologia",* Editorial Universidad, Buenos Aires, Argentina, 1984.

127. ORDOÑEZ NORIEGA, FRANCISCO: *"La fundamentación del derecho natural",* Kelly Editorial, Bogotá, Colombia. 1967.

128. ORDOÑEZ NORIEGA, FRANCISCO: *"La fundamentación del derecho natural",* Kelly Editorial. Bogotá. Colombia.1967.

129. ORGANIZACIÓN MUNDIAL DE SALUD (OMS): *"Trastornos mentales y d Comportamiento. Décima Revisión de la Clasificación Internacional de Enfermedades: Descripciones clínicas y pautas para el diagnóstico."* (CIE-X) OMS, MEDITOR, Madrid, España. 1992.

130. PARMELEE, MAURIK:*"Criminología".* Ed. Reus S.A. Madrid España. 1925.

131. PAVARINI, MÁXIMO: *"Control y Dominación, Teorías Criminológicas Burguesas y Proyecto Hegemónico".* Ed. Siglo XXI Editores Argentina. 1ra edición. Argentina. 2002.

132. PÉREZ GONZÁLEZ, ERNESTO *"Consideraciones sobre la responsabilidad penal de los acusados afectos de trastornos de la personalidad".* Boletín de información del Bufete especializado de casación, no. 16, La Habana. Cuba. P. 1-3.

133. PÉREZ GONZÁLEZ, ERNESTO: *"Manual de Psiquiatría Forense".* Ed. ONBC. La Habana. Cuba.

134. PÉREZ, ERNESTO: *"Homicidio: reflexiones para investigaciones y acciones desde el sector salud",* Colección Victimología, no 16. Ed. Advocatus. Córdoba. Argentina. 1998.

135. PÉREZ, ERNESTO: *"Homicidio: reflexiones para investigaciones y acciones desde el sector salud",* Colección Victimología, no 16. Ed. Advocatus. Córdoba. Argentina. 1998.

136. PESET, JOSÉ L Y PESET MARIANO: *"Lombroso y la Escuela Positivista italiana"* CSIC, Madrid, España.1996.

137. PINATEL, J.: *"Tratado de Derecho Penal y Criminología"* España.

138. POLITZER GORGE: *"Principios fundamentales de Filosofía".* Imprenta nacional de Cuba 1961.

139. PRIETO MORALES, ALDO: *"Derecho Procesal".* Ediciones ENPES, La Habana, Cuba. 1982

140. QUIRÓS PÍREZ, RENÉN: *"Manual de Derecho Penal I".*Ed. Félix Varela. La Habana. Cuba. 2005.

141. QUIRÓZ CUARÓN, A: *"Medicina Forense"* Ed. Porrúa. México. 1999.

142. QUISBERT, ERMO: *"Historia del Derecho Penal a través de las Escuelas Penales y sus Representantes."* Editado por el Centro de Estudios de Derecho. Enero 2008. Obtensible en http://h1.ripway.com/ced. consultado el 25 de marzo de 2010. 3:45pm.

143. RAMÍREZ, JUAN BUSTO Y LARRAURI, ELENA: *"Victimología, Presente y Futuro".* PPU. Barcelona. España.1993.

144. REMEU FALCONI: *"Lineamientos de Derecho Penal".* Icone Editora. Sao Paulo. Brasil.1995.

145. RENÉ BORDERO, EDMUNDO: *"Orígenes y fundamentos fundamentales de la Victimología"* en la sección monográfica de la revista *"En tiempos de Globalización".*

146. REYES CALDERÓN, JOSÉ ADOLFO Y LEÓN DELL, ROSARIO, *"Victimología",* 2da edición, México, 1988.P.22.

147. RODRÍGUEZ AGUILERA, CESÁREO: *"La Sentencia".* Ed. Casa editorial BOSCH.

Barcelona. España. (no especifica año de publicación)

148. RODRÍGUEZ CAMPOS, CARLOS: *"Aspectos Históricos y reflexiones sobre la Victimología y el Derecho de victimal en México".* Editado por Fundación de Victimología en España *"In dubio pro victima"*(no especifica año de publicación).

149. RODRÍGUEZ MANZANERA, LUIS: *"Criminología".*Segunda Edición. Ed. Porrúa, S.A. México.

150. ROJAS CHACÓN, JOSÉ ALBERTO; SÁNCHEZ ROMERO, CECILIA: *"Teoría del Delito. Aspectos Teóricos y Prácticos"* Tomo I. Ministerio Público de la República de Costa Rica. Costa Rica

151. ROSENTAL. MM y STRAKS G.M.: "Categorías del materialismo dialéctico". Traducido por Adolfo Sánchez Vázquez y Wenceslao Roces, Editorial Grijalbo, México, 1958.

152. ROXÍN, CLAUS: *"Derecho Penal, Parte General. Fundamentos, La Estructura de la teoría del Delito"* Tomo I. Traducción y

notas de Diego-Manuel Luzón Peña, Miguel Díaz y García Conlledo, Javier de Vicente Revesal. Ed. Civitas. Madrid. España. 1997.

153. Rubio Llorente, Francisco: *"El principio de legalidad".* en *"Revista Española de Derecho Constitucional."* Año 13 #39. septiembre-diciembre.España. 1993.. publicado también en "Libro Homenaje al Profesor Ignacio de Otto". Oviedo.1993

154. Ruso, Eduardo Ángel: *"Derechos Humanos y Garantías, El Derecho al Mañana".*Editorial universitaria de Buenos Aires (EUDEBA). Buenos Aires. Argentina. 2001. P. 41-43.

155. Sabine, G.: *"Historia de la teoría política",* Fondo de Cultura Económica, 1945. Especialmente capítulos VIII, IX y XXI.

156.Salas, Luis: *"La Justificación del Estudio de Victimización en América Latina".* En ILANUD al Día. Año 4, núm10. Costa Rica, 1981,

157.Sánchez Linares, Felipe; Guadarrama González, Pablo; Araujo González,

RAFAEL: *"Lecciones de Filosofía Marxista Leninista"*. Tomol. Ed: Dirección de Marxismo-Leninismo del Ministerio de Educación Superior de la República de Cuba. La Habana. Cuba. P.15 (versión digital, no especifíca año de publicación).

158. SANCHEZ RODRÍGUEZ, FÁTIMA Y GARCÍA MERCADER, EMILIO JOSÉ: *"Victimología Forense."* España. Estudios victimales.

159. SANTIAGO MIR PUIG: *"Introducción a las bases del Derecho Penal",* Editorial Bosch. Barcelona.España.1976.

160. *Santo* TOMAS MORO: *"Utopía"* Lovaina, Bélgica. 1516. existe igualmente una traducción realizada por MILLARES CARLO, A. publicada en *"Utopía del Renacimiento",* México, Fondo de Cultura Económica, 1941.

161. SHAFFER, S: "*Victimology, The Victims and his criminal. Virginia."U.S.*1977.

162. SHUTE CLARENCE: *"La Psicología de Aristóteles".* Editorial Cajica. Puebla. México.1945

163. SPINOZA: *"Ethica, Ordine geometrico Demonstrata."* 1677, parte III. Proposición

2, escolio; Parte V proposición 45, escolio.

164.STANCIU, V. V.: Eta *"Victimal et Civilitation"* en Etudes Internacionales de Psychosociologie Criminelle, núms. 26-28, París, Francia, 1975,

165.STANCIU, VASILE V.: *"Les droits de la victime",* Presses Universitaires de France, Francia, 1985,

166.T STANCATI: *"Neopositivismo".* Publicado en *"VocTEO"* consultado el 16 de enero de 2012 a las 7:48 p.m.

167.TAMARIT SUMILLA, JOSÉ, VILLACAMPA CAROLINA: *"Victimología, Justicia Penal y justicia Reparadora".* Ed. Ibáñez. 2006.

168.TAMARIT SUMILLA, JOSEP Mª: *"Manual de Victimología".* Ed. Tirant lo Blanch. Valencia, España. 2006.

169.TAYLOR, I.; WALTON, P.; YOUNG, J.: *"The New Criminology: For a Social Theory of Deviance"* Ed. Routledge & Kegan Paul Ltd. London,U.K. 1973.

170. THOMAS HOBBES: *"Leviatán"* o *"La Materia, Forma y Poder de una República eclesiástica y civil"* 1651.

171. TOMAS M. SMITH Y ROBERT LEO SMITH: *"Ecología"* 6a. edición **PEARSON EDUCACIÓN** S.A. Madrid, España. 2007.

172. TURK, A. T.: *"Conflict and criminality"* en *American Sociological Review* vol. 21, U.S.A.1966.

173. VÁSQUEZ ROSSI, EDUARDO. *"La Defensa Penal"*. 3ra edición actualizada. Ed. Rubinzal-Culzoni editores. Argentina.1996.

174. VIERA HERNÁNDEZ, MARGARITA C.: *"Criminología",* Editorial Félix Varela, La Habana, Cuba.

175. VILLEGAS BASAVILBASO, BENJAMÍN: *"Derecho Administrativo, Introducción"*. Ed. Tipográfica Editora. Buenos Aires. Argentina. 1949. tomo I.

176. VIVES ANTÓN, TOMÁS. *"Principios Penales y Dogmática Penal. Estudio sobre el Código Penal de 1995 (Parte General)"*. Obra contenida en el CD - ROM Cuadernos de Derecho Judicial. Editado por el Consejo General del Poder Judicial, España. Año 1992 – 1996.

177. VLADIMIR KUDRIATSEV: *"La causalidad en el medio social"* en *Divulgación Jurídica,* No. 24, La Habana, Cuba. 1986.

178. VON HENTIG: *"the Criminal and his victims"* (1948)

179. YAMARELLOS, E. Y KELLENS, G., *"Le crimine el la Criminologie",* Marabout Université, Bélgica, 1970,

180. ZAMORA GRANT, JOSÉ: *"Los Modelos Victimológicos"* en Revista Jurídica: Boletín Mexicano de Derecho Comparado No 93. Instituto de Investigaciones Jurídicas de la UNAM. México. 2011.

181. ZEITLIN, I: *"Ideología y teoría Sociológica",* 2da.ed. Buenos Aires. Argentina. 1973.

www.ingramcontent.com/pod-product-compliance
Lightning Source LLC
Chambersburg PA
CBHW071408280526
45787CB00001B/484